放課後児童クラブ
運営指針解説書
（令和7年4月）

こども家庭庁編

ま え が き

　放課後児童クラブの利用ニーズは、共働き家庭の増加を背景に年々高まっています。こども家庭庁では、放課後児童クラブの質の向上を図るため、放課後児童健全育成事業の設備及び運営に関する基準に基づく放課後児童クラブ運営指針（以下「運営指針」という。）や運営指針解説書の策定、これらと連動する放課後児童支援員認定資格研修などを推進してきました。

　本解説書は、運営指針の趣旨と内容について、都道府県、市町村担当者や事業者（運営主体）及び放課後児童支援員等に正確に理解されるとともに、すべての放課後児童クラブにおける育成支援についてその多様性を生かしつつ、一定水準以上の質の確保を図ることを目指して執筆されたものです。さらに、放課後児童支援員認定資格研修や現任研修の教材、あるいは自治体担当者と放課後児童クラブ職員、関係機関職員等との相互理解のための資料としても使用されることを想定しています。

　解説書では、できるだけ簡潔に運営指針本文の説明を行い、育成支援を行う際の考え方や留意点の補足説明、取組の参考になる関連事項等の紹介を行うよう努めました。そのため、初版では有識者によるご検討をいただき、また今般の改訂においては、こども家庭庁の専門委員会や調査研究等に関わる有識者の方々にご協力いただきました。ここに心からの感謝の意を表します。

　本書が放課後児童クラブ関係者や保護者のみならず広く国民の方々に読まれ、こどもたちの健やかな育ちに資することを願っています。

こども家庭庁成育局成育環境課

目　次

序　章

1. 放課後児童クラブとは何か・・・・・・・・・・・・・・・・・・・・・・・・・・・・・・・・・・・・・・・6
2. 放課後児童クラブの基準と運営指針の策定と研修・・・・・・・・・・・・・・・・・8
3. 放課後児童クラブ運営指針の要点・・・・・・・・・・・・・・・・・・・・・・・・・・・・・12
4. 放課後児童クラブ運営指針解説書について・・・・・・・・・・・・・・・・・・・・・15

第1章　総則

1. 趣旨・・・20
2. 放課後児童健全育成事業の役割・・・・・・・・・・・・・・・・・・・・・・・・・・・・・・22
3. 放課後児童クラブにおける育成支援の基本・・・・・・・・・・・・・・・・・・・・・29

第2章　事業の対象となるこどもの発達

1. こどもの発達と児童期・・・・・・・・・・・・・・・・・・・・・・・・・・・・・・・・・・・・・・40
2. 児童期の発達の特徴・・・・・・・・・・・・・・・・・・・・・・・・・・・・・・・・・・・・・・・44
3. 児童期の発達過程と発達領域・・・・・・・・・・・・・・・・・・・・・・・・・・・・・・・46
4. 児童期の遊びと発達・・・・・・・・・・・・・・・・・・・・・・・・・・・・・・・・・・・・・・・51
5. こどもの発達過程を踏まえた育成支援における配慮事項・・・・・・・・・・54

第3章　放課後児童クラブにおける育成支援の内容

1. 育成支援の内容・・・61
2. 障害のあるこどもへの対応・・・・・・・・・・・・・・・・・・・・・・・・・・・・・・・・・97
3. 特に配慮を必要とするこどもへの対応・・・・・・・・・・・・・・・・・・・・・・・113
4. 保護者との連携・・・124
5. 育成支援に含まれる職務内容と運営に関わる業務・・・・・・・・・・・・・・・132

第4章　放課後児童クラブの運営

1．職員体制･････････････････････････････････139

2．こども集団の規模（支援の単位）････････････････142

3．開所時間及び開所日･･････････････････････････143

4．利用の開始等に関わる留意事項････････････････145

5．運営主体････････････････････････････････････151

6．労働環境整備･･･････････････････････････････156

7．適正な会計管理及び情報公開･･････････････････158

第5章　学校及び地域との関係

1．学校等との連携････････････････････････････159

2．保育所、認定こども園、幼稚園等との連携････････165

3．地域、関係機関との連携･･････････････････････167

4．学校、児童館を活用して実施する放課後児童クラブ････169

第6章　施設及び設備、衛生管理及び安全対策

1．施設及び設備･･･････････････････････････････173

2．衛生管理及び安全対策･･･････････････････････177

第7章　職場倫理及び事業内容の向上

1．放課後児童クラブの社会的責任と職場倫理････････201

2．要望及び苦情への対応･･･････････････････････211

3．事業内容向上への取り組み･･･････････････････216

付　録

1．児童福祉法‥‥‥‥‥‥‥‥‥‥‥‥‥‥‥‥‥‥‥‥‥‥224

2．放課後児童健全育成事業の設備及び運営に関する基準‥‥‥‥‥225

3．「放課後児童健全育成事業の設備及び運営に関する基準」関係通知‥233

4．放課後児童クラブ運営指針の改正について（通知）‥‥‥‥‥‥234

序章

1．放課後児童クラブとは何か

（1）放課後児童クラブの概要

　放課後児童クラブは放課後児童健全育成事業を行う場所であり、こども及び放課後児童支援員等により構成される集団で営まれています。また、事業そのものを指す場合もあります。

　放課後児童健全育成事業は、児童福祉法（昭和22年法律第164号）第6条の3第2項において、「小学校に就学している児童であつて、その保護者が労働等により昼間家庭にいないものに、授業の終了後に児童厚生施設等の施設を利用して適切な遊び及び生活の場を与えて、その健全な育成を図る事業」として規定されています。また、社会福祉法（昭和26年法律第45号）上の第二種社会福祉事業[1]として規定されるとともに、子ども・子育て支援法（平成24年法律第65号）第59条第1項第5号に規定する地域子ども・子育て支援事業の一つとして、市町村（特別区を含む。以下同じ。）が地域のニーズ調査等に基づく量の見込みや提供体制の確保等について市町村子ども・子育て支援事業計画に盛り込み、これを実施するとされています。更に、事業の質の確保を図るため、「放課後児童健全育成事業の設備及び運営に関する基準」（平成26年厚生労働省令第63号。以下「基準」という。）及び「放課後児童クラブ運営指針」（令和7年1月22日こ成環第16号こども家庭庁成育局長通知。以下「運営指針」という。）が策定されています。

（2）放課後児童クラブの経緯

　放課後児童クラブの歴史は、昭和30年代初頭から始まります。当時、就労

1　放課後児童健全育成事業においては、放課後児童健全育成事業の設備及び運営に関する基準第14条で定める運営規程において事業所ごとに定めることとしている利用定員が20人未満の事業については、社会福祉事業に含まれない。

序章

する母親が増加したことで、放課後に保護者が家庭にいないこどもの豊かで安全・安心な生活保障が社会問題として取り上げられるようになり、それに対応する支援として、いわゆる「学童保育」が、保護者等の自主運営や市町村の単独補助による事業として全国的に広がっていきました。その後、放課後児童クラブは、地域の実情に応じて多様な運営によって展開されていきます。

　厚生省は、昭和51年度から、留守家庭児童対策や健全育成対策として、放課後児童クラブに対する国庫補助を開始し、実施場所や運営形態の多様性を包み込みながら年々充実が図られていきました。

　平成９年には、児童福祉法において、放課後児童健全育成事業が法定化されました。平成27年度には、子ども・子育て支援新制度の施行を契機に、対象年齢の拡大と基準の策定、放課後児童支援員の資格化、職員の処遇改善のための方策等が実施され、今日に至っています。

２．放課後児童クラブの基準と運営指針の策定と研修

（１）放課後児童健全育成事業の設備及び運営に関する基準の策定（平成26年）

　　放課後児童クラブは、地域における事業主体や運営の多様性を踏まえて拡充が図られてきましたが、クラブの大規模化や利用できないこどもの増加、開所時間や開所日数に係る一層の多様化等の変化が生じてきました。そして、これらと同時に、地域におけるこどもの安全・安心の確保も大きな政策課題として浮かび上がってきました。

　　これを踏まえ、厚生労働省は、放課後児童クラブをよりよい方向に導くものとして、「放課後児童クラブガイドライン」（平成19年10月19日雇児発第1019001号厚生労働省雇用均等・児童家庭局長通知）を発出しました。以後、この「放課後児童クラブガイドライン」に基づき、地方自治体において独自のガイドラインが作成されるようになる等、放課後児童クラブの運営の改善が図られてきました。

　　しかしながら、その後も女性の就労参加に伴って、放課後児童クラブへの需要は高まり続け、放課後児童クラブ数・利用児童数が大きく増加する中にあっても、利用できないこどもの数は増加してきました。こうした状況下において、引き続き、地域におけるこどもの安全・安心をどう確保するかという課題に対応する必要がありました。

　　放課後児童クラブの量的な課題への対応については、特に小学１年生が放課後児童クラブを利用できないことによる共働き家庭等の「小１の壁」を打破するとともに、受け皿確保の拡充に向け、平成26年度には、厚生労働省と文部科学省の共同による「放課後子ども総合プラン」が策定[2]されました。また、質の向上に向け、児童福祉法において、市町村は、放課後児童健全育成事業の設備及び運営について、条例で基準を定めることが規定されました。これに伴い、条例を制定するに当たっての基準となる「放課後児童健全育成事業の設備及び運営に関する基準」（以下「基準」という。）が平成27年

2　平成26年７月31日26文科生第277号・雇児発0731第４号文部科学省生涯学習政策局長、文部科学省大臣官房文教施設企画部長、文部科学省初等中等教育局長、厚生労働省雇用均等・児童家庭局長通知

度から施行されました。

（2）運営指針の策定（平成27年3月）

　厚生労働省は、基準の策定に伴って、放課後児童クラブにおける支援の充実を図るため、平成19年の「放課後児童クラブガイドライン」を廃止し、運営に関するより具体的な内容を定めた「「放課後児童クラブ運営指針」の策定について」（平成27年3月31日雇児発0331第34号厚生労働省雇用均等・児童家庭局長通知。以下「旧運営指針」という。）を発出しました。この背景には、放課後児童クラブの運営の質の平準化に加え、「放課後子ども総合プラン」の推進や対象児童の高学年への拡大、職員の質の確保、障害のあるこどもの受入れ体制の充実、安全対策の充実等、近年の放課後児童クラブの動向を踏まえた運営に関する指針が必要であるという認識がありました。

　旧運営指針の実践的な目的と意義は、以下の4点にまとめられます。すなわち、①多様な人材によって運営される放課後児童クラブにおける放課後児童支援員等としてのアイデンティティの共有化、②研修と連動させることにより、職員の資質向上に資するものとすること、③放課後児童クラブの運営の平準化、④放課後児童クラブの支援に関する社会に対しての説明責任を果たす（社会にひらく）ことです。このほか、児童館等他の事業と一体的に実施する場合の留意点を示しています。

（3）研修との連動

　基準においては、支援の単位（こどもの集団の規模）は、おおむね40人以下とし、そこに、有資格者（基準第10条第3項各号のいずれかに該当する者であって都道府県知事等が行う研修を修了したもの）である放課後児童支援員を2人以上配置する（ただし、その1人を除き、補助員をもってこれに代えることができる）こととされています。

　この基準に基づき、厚生労働省（令和5年4月1日以降はこども家庭庁）は、放課後児童支援員の研修カリキュラムを定め、平成27年度から、6分

野[3]、16科目、24時間の放課後児童支援員に向けた認定資格研修を開始しています。また、補助員は子育て支援員専門研修（放課後児童コース）を修了していることが望ましく、その研修内容は、14科目17時間（うち、8科目8時間が子育て支援員基本研修科目、6科目9時間が放課後児童コース科目）としています。放課後児童支援員認定資格研修や子育て支援員研修（放課後児童コース）の科目構成は「放課後児童クラブ運営指針」に準拠し、それぞれの研修と連動することにより、運営指針の浸透を目指しています。

（4）運営指針の改正（令和7年4月）

　旧運営指針発出以後も、放課後児童クラブを利用できない家庭の数は増加傾向で推移していたことから、令和元年度からは、「新・放課後子ども総合プラン」[4]において、受け皿整備が更に進められました。その間に待機児童の社会問題化、感染症の流行、障害のあるこどものインクルージョン推進等、放課後児童クラブやこども・保護者を取り巻く状況も大きく変化しました。これらの現状を踏まえ、厚生労働省社会保障審議会児童部会放課後児童対策に関する専門委員会では、こどもの放課後生活の重要性や放課後児童対策の方向性、特に放課後児童クラブの今後のあり方について議論を行い、こども家庭庁へ引継ぎました。

　令和5年4月には、「こどもまんなか社会」の実現に向けて、こども家庭庁が発足し、同庁において、放課後児童クラブが所掌されることとなりました。同時に「こども基本法」が施行され、同年12月には、「こども大綱」「こどもの居場所づくりに関する指針」が閣議決定されました。これらを踏まえ、令和6年3月以降、こども家庭審議会こどもの居場所部会児童厚生施設及び

3　放課後児童支援員認定資格研修の6分野は、①放課後児童健全育成事業の理解、②こどもを理解するための基礎知識、③放課後児童クラブにおけるこどもの育成支援、④放課後児童クラブにおける保護者・学校・地域との連携・協力、⑤放課後児童クラブにおける安全・安心への対応、⑥放課後児童支援員として求められる役割・機能の6分野であり、運営指針の構成と対応している。また、子育て支援員（放課後児童コース）の6科目も、これに対応している。

4　平成30年9月14日30文科生第396号・子発 0914第1号文部科学省生涯学習政策局長、文部科学省初等中等教育局長、文部科学省大臣官房文教施設企画部長、厚生労働省子ども家庭局長通知

放課後児童クラブに関する専門委員会において「児童館ガイドライン」「放課後児童クラブ運営指針」の見直し等について審議が行われました。令和7年1月には、旧運営指針が廃止され、新たに「放課後児童クラブ運営指針の改正について」（令和7年1月22日こ成環第16号こども家庭庁成育局長通知）が発出されました。同指針は、同年4月に施行され、今日的な環境及び課題を踏まえた放課後児童クラブの望ましい基準を、本解説書とともに示すことになりました。

3．放課後児童クラブ運営指針の要点

（1）放課後児童クラブ運営指針の特徴

運営指針の特徴は、3つの視点と4つのポイントにまとめられます。
まず、3つの視点とは、以下のとおりです。

① 放課後児童クラブの多様な実態を踏まえ、「最低基準」としてではなく、望ましい方向に導いていくための「全国的な標準仕様」として作成したこと。
② 放課後児童クラブが果たすべき役割を再確認し、その役割及び機能を適切に発揮できるよう規定したこと。
③ 異なる専門性を有して従事している放課後児童支援員等が、こどもと関わる際の共通認識を得るために必要となる項目を充実させたこと。

また、4つのポイントは、以下のように整理することができます。

① 放課後児童クラブの特性である「こどもの健全な育成と遊び及び生活の支援」を「育成支援」と定義し、そのことをいかに担保するかということを重視して、その育成支援の基本的な考え方等を第1章総則に記述したこと。
② 児童期の発達の特徴を3つの時期区分ごとに整理するとともに、こどもの発達過程を踏まえて、集団の中でのこども同士の関わりを大切にし、こどもの家庭生活等も考慮して、育成支援を行う際の配慮すべき事項等を第2章に記述したこと。
③ こどもの視点に立ち、こどもにとってどのような放課後の生活が用意されなければならないかという観点から、放課後児童クラブにおける「育成支援」の具体的内容を網羅的に記載するとともに、放課後児童クラブが果たすべき事業役割や保障すべき機能を記述したこと。障害のあるこどもや特に配慮を必要とするこどもへの対応については、受入れに当たってのよ

り具体的な考え方や留意点等も加味して第3章に記述したこと。

④　運営主体が留意すべき点として、こどもや保護者の人権への配慮、権利擁護、個人情報や守秘義務の遵守及び事業内容の向上に関すること等、放課後児童クラブの社会的責任と職場倫理等について、第7章に記述したこと。

　これら以外にも、基準に基づく職員体制や施設及び設備等の具体的な内容について第4章及び第6章に、保護者との連携、協力関係の大切さ、学校や児童館、地域、関係機関等との連携等の必要性や他の事業と連携して実施する場合の留意点等については第3章及び第5章において、それぞれ詳しく記述したなどの特徴があります。

（2）放課後児童クラブ運営指針の構成及び各章の概要

　運営指針は、第1章から第7章までの構成で、放課後児童クラブにおける育成支援の内容や運営に関する基本的な事項と留意すべき事項等を網羅的に定めています。各章の概要は、以下のとおりです。

①　「第1章 総則」は、運営指針の趣旨と育成支援の基本的な考え方を示し、放課後児童支援員等の役割と放課後児童クラブの社会的責任について記述しています。

②　「第2章 事業の対象となるこどもの発達」は、児童期（6〜12歳）の発達の特徴を3つの時期区分ごとに整理し、育成支援に当たって配慮すべき内容を記述しています。

③　「第3章 放課後児童クラブにおける育成支援の内容」は、育成支援を行うに当たって、こどもが主体的に過ごし一人ひとりと集団全体の生活を豊かにしていくために必要となる育成支援の具体的な方法や、障害のあるこども等に適切に対応していくために留意すべきこと、保護者との信頼関係の構築等の内容を記述しています。

④　「第4章 放課後児童クラブの運営」は、基準に基づく職員体制やこども

の集団の規模等の具体的な内容を記述しています。

⑤ 「第5章 学校及び地域との関係」は、連携に当たっての情報交換等の必要性や方法等の内容を記述しています。

⑥ 「第6章 施設及び設備、衛生管理及び安全対策」は、基準に基づく施設及び設備の環境整備と、感染症や事故等への対応方法等の具体的な内容を記述しています。

⑦ 「第7章 職場倫理及び事業内容の向上」は、運営主体の責務と放課後児童支援員等の倫理意識の自覚、研修等の事業内容向上の取組内容を記述しています。

序章

4．放課後児童クラブ運営指針解説書について

（1）放課後児童クラブ運営指針解説書の策定経過

　放課後児童クラブ運営指針解説書（以下「解説書」という。）は、運営指針の内容が広く運営主体や放課後児童支援員等に浸透し、その趣旨が正確に理解されるよう厚生労働省において策定することとし、国の調査研究事業として、みずほ情報総研株式会社に委託して作成しました。淑徳大学総合福祉学部　柏女霊峰教授を座長とし、有識者、自治体担当者、現場関係者等を委員とした検討委員会の議論、執筆を経て、平成28年12月に調査報告書が提出されました。これを受け、平成29年3月末に厚生労働省より解説書を発出しました。

　令和7年4月の運営指針改正に合わせて解説書を改正することとし、みずほリサーチ＆テクノロジーズ株式会社に素案作成を委託し、その上でこども家庭庁こども家庭審議会こどもの居場所部会ならびに、同部会児童厚生施設及び放課後児童クラブに関する専門委員会の所属委員の協力を得て、こども家庭庁が編集し、発出したものです。

〈参考情報〉　放課後児童クラブ運営指針解説書（案）作成検討委員会委員名簿

(作成当時、五十音順)

【座長】	柏女	霊峰	淑徳大学総合福祉学部 教授
【委員】	秋元	紀子	文京区 教育委員会教育推進部 児童青少年課 目白台地区館長兼大塚児童館 育成室担当 放課後児童支援員
	尾木	まり	子どもの領域研究所 所長
	小野	さとみ	特定非営利活動法人 町田市学童保育クラブの会 わんぱく学童保育クラブ 施設責任者兼放課後児童支援員
	佐藤	晃子	精華女子短期大学 幼児保育学科 講師
	佐藤	正美	特定非営利活動法人 学童保育おおみや 東小学童保育の会 放課後児童支援員
	髙柳	幸志	千葉県浦安市こども部 青少年課 課長
	田丸	敏高	福山市立大学 教育学部 教授
	田村	明日香	千葉県白井市大山口あおぞら第2学童保育所 放課後児童支援員
	都築	真哉	高浜市こども未来部 こども育成グループリーダー
	中川	一良	社会福祉法人健光園 京都市北白川児童館 館長
	野中	賢治	一般財団法人児童健全育成推進財団 企画調査室長
	柳澤	邦夫	栃木県上三川町立上三川小学校 校長
【研究協力者】	今井	孝成	昭和大学医学部 小児科学講座
	光真坊	浩史	江東区こども発達センター 園長
	山崎	陽菜	日本女子大学 学術研究員

15

（2）解説書の記述の特徴

　解説書は、運営指針の各章を項目ごとに区切って解説を行う記述方式を基本としています。そこでは、項目ごとの規定内容の根拠や考え方等を記述し、参考資料として法令の条文や根拠資料の一部も併せて提示しています。また、参考情報やコラムとして、実践に資すると思われる例示も、必要に応じて提示しています。

　解説書の記述についての基本的な考え方は、以下の2点にまとめられます。

　第一に、放課後児童クラブにおける育成支援は、こどもと保護者の状況や地域の実情等を踏まえて、それぞれの放課後児童クラブの創意工夫を尊重して行われるべきものです。その創意工夫が、こどもの最善の利益に役立つものになるために、基準と運営指針で記されている事項がどのような趣旨であるかを正確に伝えることが必要であるとの考えから記述しています。

　第二に、運営指針は、育成支援に関する事項と育成支援を支える運営面での取組に関する事項をできるだけ整理して示すことで、放課後児童クラブにおける取組の構造を明確にして、育成支援や事業運営の改善等の質の向上に役立てることを目指しています。また、運営指針は、放課後児童支援員等と放課後児童健全育成事業に携わるすべての人々に日常的に活用されるとともに、保護者にも活用されることを想定しています。更に、放課後児童クラブの関係者だけでなく、広くこどもの放課後の遊びと生活に関わる方々に活用されることを期待しています。

　こうした考え方から、解説書は、できるだけ簡潔に、運営指針本文の説明や、育成支援を行う際の考え方や留意点の補足説明、取組の参考になる関連事項等の紹介を行うように作成しました。解説は、基準として規定する事項の基本的な内容を示し、育成支援についても放課後児童クラブの自主性、創意性が尊重されるように、内容の解説や育成支援を行う上での留意点等の方向性を示す記述としています。

　なお、解説書各章の概要を各章のはじめに示しています。まずそこを読んで全体の概要を把握した上で、各章を読んでいかれることをお勧めします。

序章

（3）放課後児童クラブ運営指針並びに解説書で使用した用語について

　運営指針で使用した用語は、以下のとおりです。

① 　育成支援を行う職員は、基準に基づいて「放課後児童支援員」「補助員」
　とし、両者を含む場合は「放課後児童支援員等」としています。なお、放
　課後児童健全育成事業に携わる人全体を表す場合は「職員」とし、「職員
　体制」等慣用として使われている用語はそれによっています。

② 　こども基本法に倣い、「子供」「子ども」については「こども」で原則統
　一しています。参考情報やコラムにおいて引用する文献等については、原
　文のとおりとしています。なお、こども基本法では「こども」を「心身の
　発達の過程にある者」と規定していますが、児童福祉法上、放課後児童ク
　ラブは小学生を対象とした事業と規定されているため、解説書における「こ
　ども」とは基本的に「小学生」を指します。

③ 　放課後児童支援員等が行う「こどもの健全な育成と遊び及び生活の支援」
　を総称して「育成支援」と表現しています。また、実際の場面では、〈見
　守る〉〈手助けする〉〈教える〉〈一緒に行動する（遊ぶ）〉等多様な側面が
　考えられますが、それらを示す言葉としては「援助」を用いています。な
　お、育成支援を含めた放課後児童健全育成事業の役割を表す言葉として
　は、「支援」を用いています。

④ 　放課後児童クラブに新たに登録して入る場合を「入所」、放課後児童ク
　ラブを辞めることを「退所」と表現しています。こどもが日々放課後児童
　クラブに来て帰る状況については、「来所（あるいは出席）」並びに「帰宅」
　と表現しています。

（4）解説書の文末表現について

　解説書では、運営指針本文を枠で囲み、その下に解説を記載しています。
なお、記載している事項の求める水準に応じて、解説文の文末を、おおむね
以下の表のように示しています。文末の表現に留意して、解説書をお読みく
ださい。

17

〈求める水準に応じた文末表現とその説明〉

水準	表現	説明
必須	必要です 必要があります 必要になります 必要なことです しなければなりません	・法令、基準にあること ・指針で必須の記述になっていること ・安全や危機管理に関すること等、すべての放課後児童クラブにおいて必ず実施することが求められること
努力	求められます 努めなければなりません 努める必要があります	・放課後児童クラブにおいて可能な限り実施することが求められること
尊重	大切です 重要です	・実施に当たって大事なこととして尊重することが求められること
	望まれます 期待されます	・可能であれば実施が期待されること
選択	考えられます	・実施に当たって取組の選択肢として考えられること

（5）解説書の読み方について

　　最後に、解説書は以下の形式で記述しています。

①　解説書は、運営指針の各章を、項目ごとに区切って解説を行う記述方式を基本としています。

②　章ごとに、運営指針の本文を項目に区切って囲い枠内に示し、その下に当該項目についての解説を記しています。

序章

1．趣旨

（1）この運営指針は、放課後児童健全育成事業の設備及び運営に関する基準（平成26年厚生労働省令第63号。以下「基準」という。）に基づき、放課後児童健全育成事業を行う場所（以下「放課後児童クラブ」という。）における、こどもの健全な育成と遊び及び生活の支援（以下「育成支援」という。）の内容に関する事項及びこれに関連する事項を定める。

運営指針本文

運営指針の法令上の根拠及び規定する範囲を示しています。運営指針は、基準に基づいて作成しており、その規定する範囲は、「放課後児童クラブにおける、こどもの健全な育成と遊び及び生活の支援の内容に関する事項及びこれに関連する事項」としています。具体的な内容は、第２章以降に示しています。そして、放課後児童クラブにおけるこどもの健全な育成と遊び及び生活の支援を「育成支援」と定めています。

解説

③　解説は、運営指針の各項目で示された内容の範囲内での記述としています。解説の要素や観点が複数にわたる場合には、見出し（◇）とともに内容を分けて整理しています。

④　運営指針の各項目及び解説内容の根拠となる法令・通知等については、解説の記述の後に〈関連法令・通知等〉として紹介しています。解説書では、放課後児童クラブに直接関連する部分を掲載していますので、関係する法令・通知等については全体を通して読む機会を設け、目的や定められている事項について全体として理解しておくことが望まれます。

⑤　運営指針の各項目及び解説内容についての理解を深め、各放課後児童クラブにおける運用方法等を考えるに当たって参考となる資料については、解説の記述の後に〈参考情報〉として紹介しています。

⑥　運営指針の各項目及び解説で示された考え方を各放課後児童クラブの育成支援に生かしていくためのヒントとして、実践の具体例や参考資料等を〈コラム〉として紹介しています。これらは育成支援の考え方についての方向性を示唆するためのものであり、放課後児童支援員等は、コラムで示された例や情報を参考にしながら、各放課後児童クラブの実態に応じて創意工夫して育成支援を行うことが望まれます。

第1章 | 総則

　この章は、運営指針の趣旨と育成支援の基本的な考え方を示し、放課後児童支援員等の役割と放課後児童クラブの社会的責任について記述しています。

　この総則に定める趣旨に基づく「放課後児童健全育成事業の役割」及び「放課後児童クラブにおける育成支援の基本」を具体化したものを第2章から第7章に示し、その連続性、整合性を図っています。そして、全体として、育成支援の質の向上に役立てられるように構成しています。

1．趣旨

（1）この運営指針は、放課後児童健全育成事業の設備及び運営に関する基準（平成26年厚生労働省令第63号。以下「基準」という。）に基づき、放課後児童健全育成事業を行う場所（以下「放課後児童クラブ」という。）における、こどもの健全な育成と遊び及び生活の支援（以下「育成支援」という。）の内容に関する事項及びこれに関連する事項を定める。

　運営指針の法令上の根拠及び規定する範囲を示しています。運営指針は、基準に基づいて作成しており、その規定する範囲は、「放課後児童クラブにおける、こどもの健全な育成と遊び及び生活の支援の内容に関する事項及びこれに関連する事項」としています。具体的な内容は、第2章以降に示しています。そして、放課後児童クラブにおけるこどもの健全な育成と遊び及び生活の支援を「育成支援」と定めています。

（2）放課後児童クラブの運営主体は、この運営指針において規定される支援の内容等に係る基本的な事項を踏まえ、各放課後児童クラブの実態に応じて創意工夫を図り、放課後児童クラブの質の向上と機能の充実に努めなければならない。

　放課後児童クラブの運営主体には、この運営指針において規定される基本的な事項を踏まえ、放課後児童クラブに通うこどもと保護者の状況、地域の

特性等の実態に応じて創意工夫を図り、放課後児童クラブの質の向上と機能の充実に努めることが求められます。

なお、基準第4条第1項及び第2項では、放課後児童健全育成事業の運営主体が、児童福祉法第34条の8の2第1項の規定により市町村が条例で定める基準(以下「最低基準」という。)を超えて、常に、その設備及び運営を向上させなければならないこと、最低基準を理由として、その設備又は運営を低下させてはならないことが示されています。

2. 放課後児童健全育成事業の役割

（1）放課後児童クラブの運営主体及び放課後児童クラブは、児童福祉法（昭和22年法律第164号）及びこども基本法（令和4年法律第77号）並びに児童の権利に関する条約の理念に基づき、こどもの最善の利益を優先して考慮し、育成支援を推進することに努めなければならない。

児童福祉法第1条では、「全て児童は、児童の権利に関する条約の精神にのつとり、適切に養育されること、その生活を保障されること、愛され、保護されること、その心身の健やかな成長及び発達並びにその自立が図られることその他の福祉を等しく保障される権利を有する」こととされ、第2条では、「児童の年齢及び発達の程度に応じて、その意見が尊重され、その最善の利益が優先して考慮され、心身ともに健やかに育成されるよう努めなければならない」こととされています。

また、こども基本法（令和4年法律第77号）第1条では、「この法律は、日本国憲法及び児童の権利に関する条約の精神にのっとり、次代の社会を担う全てのこどもが、生涯にわたる人格形成の基礎を築き、自立した個人としてひとしく健やかに成長することができ、心身の状況、置かれている環境等にかかわらず、その権利の擁護が図られ、将来にわたって幸福な生活を送ることができる社会の実現を目指して、社会全体としてこども施策に取り組むことができるよう、こども施策に関し、基本理念を定め、国の責務等を明らかにし、及びこども施策の基本となる事項を定めるとともに、こども政策推進会議を設置すること等により、こども施策を総合的に推進することを目的とする」とされ、第3条第4項では、「全てのこどもについて、その年齢及び発達の程度に応じて、その意見が尊重され、その最善の利益が優先して考慮されること」とされています。

「こどもの最善の利益」は、児童の権利に関する条約（平成6年条約第2号）第3条第1項にも明記されています。この言葉は、こどもの人権を尊重し、放課後児童支援員等の大人の利益がこどもの利益よりも優先されてはならないことの重要性を表すものです。

第1章　総則

　こどもの最善の利益を優先して考慮し、育成支援を進めるためには、こどもの立場に立ち、将来的・長期的視点からこどもにとっての最大限の権利を保障するという観点から、育成支援の内容や放課後児童クラブの果たすべき役割を考える必要があります。

〈関連法令・通知等〉

児童福祉法（昭和22年法律第164号）より

第1条　全て児童は、児童の権利に関する条約の精神にのつとり、適切に養育されること、その生活を保障されること、愛され、保護されること、その心身の健やかな成長及び発達並びにその自立が図られることその他の福祉を等しく保障される権利を有する。

第2条　全て国民は、児童が良好な環境において生まれ、かつ、社会のあらゆる分野において、児童の年齢及び発達の程度に応じて、その意見が尊重され、その最善の利益が優先して考慮され、心身ともに健やかに育成されるよう努めなければならない。

（中略）

②　児童の保護者は、児童を心身ともに健やかに育成することについて第一義的責任を負う。

③　国及び地方公共団体は、児童の保護者とともに、児童を心身ともに健やかに育成する責任を負う。

第3条　前二条に規定するところは、児童の福祉を保障するための原理であり、この原理は、すべて児童に関する法令の施行にあたつて、常に尊重されなければならない。

第3条の2　国及び地方公共団体は、児童が家庭において心身ともに健やかに養育されるよう、児童の保護者を支援しなければならない。ただし、児童及びその保護者の心身の状況、これらの者の置かれている環境その他の状況を勘案し、児童を家庭において養育することが困難で

あり又は適当でない場合にあつては児童が家庭における養育環境と同様の養育環境において継続的に養育されるよう、児童を家庭及び当該養育環境において養育することが適当でない場合にあつては児童ができる限り良好な家庭的環境において養育されるよう、必要な措置を講じなければならない。

児童の権利に関する条約（平成6年条約第2号）より

第2条
　1　締約国は、その管轄の下にある児童に対し、児童又はその父母若しくは法定保護者の人種、皮膚の色、性、言語、宗教、政治的意見その他の意見、国民的、種族的若しくは社会的出身、財産、心身障害、出生又は他の地位にかかわらず、いかなる差別もなしにこの条約に定める権利を尊重し、及び確保する。

第3条
　1　児童に関するすべての措置をとるに当たっては、公的若しくは私的な社会福祉施設、裁判所、行政当局又は立法機関のいずれによって行われるものであっても、児童の最善の利益が主として考慮されるものとする。
　2　締約国は、児童の父母、法定保護者又は児童について法的に責任を有する他の者の権利及び義務を考慮に入れて、児童の福祉に必要な保護及び養護を確保することを約束し、このため、すべての適当な立法上及び行政上の措置をとる。
　3　締約国は、児童の養護又は保護のための施設、役務の提供及び設備が、特に安全及び健康の分野に関し並びにこれらの職員の数及び適格性並びに適正な監督に関し権限のある当局の設定した基準に適合することを確保する。

第1章　総則

第12条

　1　締約国は、自己の意見を形成する能力のある児童がその児童に影響を及ぼすすべての事項について自由に自己の意見を表明する権利を確保する。この場合において、児童の意見は、その児童の年齢及び成熟度に従って相応に考慮されるものとする。

　2　（略）

こども基本法（令和4年法律第77号）より

（目的）

第1条　この法律は、日本国憲法及び児童の権利に関する条約の精神にのっとり、次代の社会を担う全てのこどもが、生涯にわたる人格形成の基礎を築き、自立した個人としてひとしく健やかに成長することができ、心身の状況、置かれている環境等にかかわらず、その権利の擁護が図られ、将来にわたって幸福な生活を送ることができる社会の実現を目指して、社会全体としてこども施策に取り組むことができるよう、こども施策に関し、基本理念を定め、国の責務等を明らかにし、及びこども施策の基本となる事項を定めるとともに、こども政策推進会議を設置すること等により、こども施策を総合的に推進することを目的とする。

（基本理念）

第3条　こども施策は、次に掲げる事項を基本理念として行われなければならない。

　1　全てのこどもについて、個人として尊重され、その基本的人権が保障されるとともに、差別的取扱いを受けることがないようにすること。

　2　全てのこどもについて、適切に養育されること、その生活を保障さ

25

れること、愛され保護されること、その健やかな成長及び発達並びに
その自立が図られることその他の福祉に係る権利が等しく保障される
とともに、教育基本法（平成十八年法律第百二十号）の精神にのっと
り教育を受ける機会が等しく与えられること。

3　全てのこどもについて、その年齢及び発達の程度に応じて、自己に
直接関係する全ての事項に関して意見を表明する機会及び多様な社会
的活動に参画する機会が確保されること。

4　全てのこどもについて、その年齢及び発達の程度に応じて、その意
見が尊重され、その最善の利益が優先して考慮されること。

5　こどもの養育については、家庭を基本として行われ、父母その他の
保護者が第一義的責任を有するとの認識の下、これらの者に対してこ
どもの養育に関し十分な支援を行うとともに、家庭での養育が困難な
こどもにはできる限り家庭と同様の養育環境を確保することにより、
こどもが心身ともに健やかに育成されるようにすること。

6　家庭や子育てに夢を持ち、子育てに伴う喜びを実感できる社会環境
を整備すること。

（2）放課後児童健全育成事業は、児童福祉法第6条の3第2項に基づき、
小学校（以下「学校」という。）に就学しているこども（特別支援学校の
小学部のこどもを含む。以下同じ。）であって、その保護者が労働等によ
り昼間家庭にいないものに、授業の終了後（以下「放課後」という。）に
児童厚生施設等の施設を利用して適切な遊び及び生活の場を与え、こど
もの状況や発達段階を踏まえながら、その健全な育成を図る事業である。

　児童福祉法第6条の3第2項では、放課後児童健全育成事業の対象となる
こどもの要件、事業が行われる時間、実施場所及び事業の目的が述べられて
います。

　放課後児童健全育成事業の対象となるこどもは、平成24年の児童福祉法の

改正により、平成27年4月から、それまでの「おおむね10歳未満」から「小学校（以下「学校」という。）に就学しているこども」となりました。ここでの学校には「特別支援学校の小学部」も含まれます。また、「その保護者が労働等により昼間家庭にいないもの」の「労働等」には、保護者の疾病や介護・看護、障害等も含まれます。

　事業が行われる時間は「授業の終了後（放課後）」です。これには、学校の授業の休業日（土曜日、日曜日、長期休業期間等）も含まれます。

　実施場所は「児童厚生施設等の施設を利用して」行うとしています。実際の実施場所としては、学校の余裕教室や学校敷地内の専用施設、児童館、独立した専用施設、その他の公的施設等があります。

　事業の目的は「適切な遊び及び生活の場を与え、こどもの状況や発達段階を踏まえながら、その健全な育成を図る」ことと定めています。放課後児童クラブでは、「遊び等の活動拠点」としての機能と「生活の場」としての機能を適切に備え、こどもが安全に安心して過ごすことができ、こども一人ひとりの状況や発達段階を踏まえた育成支援を展開することが求められます。

（3）放課後児童クラブの運営主体及び放課後児童クラブは、学校や地域の様々な社会資源との連携を図りながら、保護者と連携して育成支援を行うとともに、その家庭の子育てを支援する役割を担う。

　放課後児童クラブは、こどもにとっての遊びと生活の場です。そして、こどもの生活は、学校や地域の中のこどもに関する様々な施設・事業や機関等との関わりを持っています。放課後児童クラブには、学校、児童館や公民館等のこどもが利用する施設、自治会・町内会や民生委員・児童委員（主任児童委員）等の地域組織と連携を図りながら、保護者と連携して育成支援を行うことが求められます。また、保護者からの相談等への対応においては、必要に応じてこどもに関わる地域の様々な相談窓口や関係機関と連携しながら、放課後児童クラブに通うこどもの家庭の子育てを支援する役割を担うことも期待されます。

　社会福祉法第5条では、福祉サービスの提供の原則として、「社会福祉を

目的とする事業を経営する者は、その提供する多様な福祉サービスについて、利用者の意向を十分に尊重し、地域福祉の推進に係る取組を行う他の地域住民等との連携を図り、かつ、保健医療サービスその他の関連するサービスとの有機的な連携を図るよう創意工夫を行いつつ、これを総合的に提供することができるようにその事業の実施に努めなければならない」とされています。

第1章　総則

3．放課後児童クラブにおける育成支援の基本

（1）放課後児童クラブにおける育成支援

> 　放課後児童クラブにおける育成支援は、こどもが安心して過ごせる生活
> の場としてふさわしい環境を整え、安全面に配慮しながらこどもが自ら危
> 険を回避できるようにしていくとともに、こどもの発達段階に応じた主体
> 的な遊びや生活が可能となるように、自主性、社会性及び創造性の向上、
> 基本的な生活習慣の確立等により、こどもの健全な育成を図ることを目的
> とする。

◇　こどもが安心して過ごせる生活の場としてふさわしい環境の整備と安全
　　面への配慮

　放課後児童クラブが「遊び及び生活の場」としての機能を果たすためには、
こどもの生活の場としてふさわしい環境を整え、こどもの発達段階に応じた
主体的な遊びや生活が可能となるような機能を有することが求められます。

　基準第9条では、放課後児童クラブの設備について、「遊び及び生活の場
としての機能並びに静養するための機能を備えた区画（略）を設けるほか、
支援の提供に必要な設備及び備品等を備えなければならない」とされていま
す。そのためには、衛生及び安全が確保された手洗い場、台所設備、トイレ
等のほかに、おやつや食事、自主的な学習活動を落ち着いてできるスペース
や設備、団らんや休息等のためのゆったりとくつろげるスペース、体調の悪
い時等に静養できるスペース等を確保することが求められます。また、こど
も一人ひとりの生活の場であることを踏まえて、個々に専用のロッカー（持
ち物置き場）や下駄箱を設置することも必要です。

　また、放課後児童クラブにおける育成支援は、安全面に配慮するとともに、
こども自身が危険につながる可能性のあることに気付いて対処する、直接の
危険に遭遇した時に自分で被害を防ぐあるいは最小限に留めるなど、こども
が自ら危険を回避できるようにしていくことも求められます。こどもが自ら

危険を回避できる力を身に付けるためには、こどもの発達段階や状況に応じた適切な援助が求められます。

◇　こどもの発達段階に応じた主体的な遊びや生活

　放課後児童クラブでは、年齢の異なるこどもが同じ場所で一緒に過ごす時間が多くあります。このため、放課後児童クラブにおける育成支援を行うに当たっては、こども一人ひとりの発達の状況が異なることを踏まえた関わりを考え、遊びや生活の中でそれぞれのこどもの感情や意思を尊重することが求められます。

　そのためには、こども一人ひとりが放課後児童クラブでの過ごし方について共通の理解を持ち、見通しを持って過ごせるように工夫することが望まれます。

（2）保護者及び関係機関との連携

> 　放課後児童クラブは、常に保護者と密接な連携をとり、放課後児童クラブにおけるこどもの様子を日常的に保護者に伝え、こどもに関する情報を家庭と放課後児童クラブで共有することにより、保護者が安心してこどもを育て、子育てと仕事等を両立できるように支援することが必要である。また、こども自身への支援と同時に、学校等の関係機関と連携することにより、こどもの生活の基盤である家庭での養育を支援することも必要である。

　こどもの様子や育成支援の内容を放課後児童クラブから保護者に日常的に伝えることは、こどもに関する情報を家庭と放課後児童クラブで共有するために必要なことであり、保護者が安心して子育てと仕事等を両立できるように支援する上でとても大切なことです。そのことは、保護者が放課後児童クラブに信頼を寄せ、放課後児童支援員等にこどものことについて話しやすい関係も築かれるなど、こどもを見守る視点を家庭と放課後児童クラブとで補い合うことにもつながります。保護者との連絡について、基準第19条では「放課後児童健全育成事業者は、常に利用者の保護者と密接な連絡をとり、当該

利用者の健康及び行動を説明するとともに、支援の内容等につき、その保護者の理解及び協力を得るよう努めなければならない」とされています。

　また、こどもの生活の連続性を保障し、こどもの生活の基盤である家庭での養育を支援するために、学校との連携を図り、保育所、認定こども園、幼稚園等、地域の関係機関や地域組織等とも連携を図ることが求められます。関係機関との連携について、基準第20条では「放課後児童健全育成事業者は、市町村、児童福祉施設、利用者の通学する小学校等関係機関と密接に連携して利用者の支援に当たらなければならない」とされています。

（3）放課後児童支援員等の役割

> 　放課後児童支援員は、豊かな人間性と倫理観を備え、常に自己研鑽に励みながら必要な知識及び技能をもって育成支援に当たる役割を担うとともに、関係機関と連携してこどもにとって適切な養育環境が得られるよう支援する役割を担う必要がある。また、放課後児童支援員が行う育成支援について補助する補助員も、放課後児童支援員と共に同様の役割を担うよう努めることが求められる。

　放課後児童支援員は、放課後児童クラブにおける休息、遊び、自主的な学習、おやつ、文化的行事等を含むこどもの遊び及び生活の全般を通じた育成支援を行い、その言動がこどもに大きな影響を与える存在であることから、豊かな人間性や倫理観が求められます。また、絶えず研鑽を積んで、必要となる知識と技能を向上させて育成支援を行うことが求められます。なお、放課後児童支援員が行う支援について補助する者である「補助員」も、放課後児童支援員と同様の役割を担うように努めることが求められています。

　基準第7条では、放課後児童支援員及び補助員（以下「放課後児童支援員等」という。）等について、「健全な心身を有し、豊かな人間性と倫理観を備え、児童福祉事業に熱意のある者であって、できる限り児童福祉事業の理論及び実際について訓練を受けた者でなければならない」とされています。

（4）放課後児童クラブの社会的責任

> ① 放課後児童クラブは、自ら進んでこどもの権利について学習を行った
> 上で、育成支援を行う必要がある。

　放課後児童クラブにおいて、こどもの権利が守られることは当然の前提です。

　放課後児童クラブの運営主体及び放課後児童支援員等は、こどもの育成支援に従事する者として、まず自らがこどもの権利について学ぶ必要があります。具体的には、児童福祉法やこども基本法、児童の権利に関する条約、障害者の権利に関する条約（平成26年条約第1号）等の、こどもの人権に関する規定について十分に理解した上で、それを実現するための育成支援を行う必要があります。

〈関連法令・通知等〉

こどもの居場所づくりに関する指針（令和5年12月22日閣議決定）より

第3章 こどもの居場所づくりを進めるに当たっての基本的な視点
2．各視点に共通する事項
（2）こどもの権利の擁護
　こども・若者は権利の主体であり、こどもの居場所において、こどもの権利が守られることは当然の前提である。こども基本法や児童の権利に関する条約の内容などを踏まえ、居場所づくりに関わるおとなが広く、こどもの権利について理解し、守っていくとともに、こども自身が、権利を侵害された時の対応方法を含め、こどもの権利について学ぶ機会を設けることも重要である。

第1章　総則

> ②　放課後児童クラブは、こどもの人権に十分に配慮するとともに、こども一人ひとりの人格を尊重して育成支援を行い、こどもに影響のある事柄に関してこどもが意見を述べ、参加することを保障する必要がある。

　放課後児童クラブの運営主体及び放課後児童支援員等は、こどもの人権に十分に配慮し、こども一人ひとりの人格を尊重して育成支援を行う必要があります。体罰や言葉の暴力はもちろん、日常の育成支援の中でこどもに身体的、精神的苦痛を与えたり、過度の管理や規制を行うことが決してないようにしなければなりません。基準第12条では「放課後児童健全育成事業者の職員は、利用者に対し、法[5]第三十三条の十各号に掲げる行為その他当該利用者の心身に有害な影響を与える行為をしてはならない」とされており、虐待等のこどもの心身に有害な影響を与える行為の禁止が明確に示されています。こどもの人権や尊厳を守ることは、放課後児童クラブの責務です。

　また、育成支援は、こどもの最善の利益を考慮して、こどものために行われるべきものであることから、放課後児童支援員等のみの考えで進めるのではなく、こどもに影響のある事柄については、こどもが意見を述べ、参加することを保障する必要があります。これを実現するためには、普段からこどもとの信頼関係を築けるように努める必要があります。また、様々な場面において、言語化されていないこどもの思いや感情にも気付けるように努力し、こどもの気持ちや意見を汲み上げる工夫をすること等、こどもが意見を述べやすい環境を整えることが望まれます。

> ③　放課後児童クラブの運営主体は、放課後児童支援員及び補助員（以下「放課後児童支援員等」という。）に対し、その資質の向上のために職場内外の研修の機会を確保しなければならない。特に、こどもの権利に関する学習の機会を保障することに努める。

　放課後児童クラブの運営主体には、職場内外の様々な機会を捉えて、放課

5　法とは児童福祉法。条文は第7章「1．放課後児童クラブの社会的責任と職場倫理」に記載。

後児童支援員等の資質の向上を図るための研修の機会を確保し、参加を保障する必要があります。基準第8条第2項では、「放課後児童健全育成事業者は、職員に対し、その資質の向上のための研修の機会を確保しなければならない」とされています。

　また、放課後児童クラブの運営や育成支援においてこどもの人権が守られるよう、こどもの権利に関する学習の機会を確保し、職員が参加できる環境を整えるよう努める必要があります。

　研修への参加で得た学びは、職場内で共有することを通じて、育成支援の充実につなげることが望まれます。

> ④　放課後児童支援員等は、常に自己研鑽に励み、こどもの育成支援の充実を図るために、必要な知識及び技能の修得、維持及び向上に努めなければならない。

　放課後児童支援員等は、放課後児童クラブにおける育成支援の充実を図るために、日々の業務の中での経験から学びを深めるとともに、こどもの発達についての理解や遊び及び生活の支援に必要な知識及び技能の修得、維持及び向上に努めることが求められます。基準第8条第1項では、「放課後児童健全育成事業者の職員は、常に自己研鑽に励み、児童の健全な育成を図るために必要な知識及び技能の修得、維持及び向上に努めなければならない」とされています。そのためには、放課後児童クラブの運営主体が、職場内外での放課後児童支援員等の自己研鑽のための取組について支援することも望まれます。

> ⑤　放課後児童クラブの運営主体は、地域社会との交流や連携を図り、保護者や地域社会に当該放課後児童クラブが行う育成支援の内容を適切に説明するよう努めなければならない。

　放課後児童クラブは、地域社会の中で子育てについて重要な役割と責任を担っている事業です。

　放課後児童クラブの運営主体には、地域社会との交流や連携を図り、地域

第1章　総則

の中で放課後児童クラブの存在や役割が十分に理解されるように努めること
が求められます。

　そのためにも、放課後児童クラブの運営主体は、放課後児童クラブが行う
育成支援の内容を個々の保護者に日常的に伝えるとともに、すべての保護者
に定期的にわかりやすく説明することが必要です。そして、地域社会にも定
期的に説明するよう努める必要があります。

〈関連法令・通知等〉

社会福祉法（昭和26年法律第45号）より

第75条　社会福祉事業の経営者は、福祉サービス（社会福祉事業において
　　　提供されるものに限る。以下この節及び次節において同じ。）を利用
　　　しようとする者が、適切かつ円滑にこれを利用することができるよう
　　　に、その経営する社会福祉事業に関し情報の提供を行うよう努めなけ
　　　ればならない。
　2　国及び地方公共団体は、福祉サービスを利用しようとする者が必要
　　　な情報を容易に得られるように、必要な措置を講ずるよう努めなけれ
　　　ばならない。

---

⑥　放課後児童クラブ及び放課後児童クラブの運営主体は、こどもの利益
　　に反しない限りにおいて、こどもや保護者のプライバシーの保護、業務
　　上知り得た事柄の秘密保持に留意しなければならない。

　放課後児童クラブ及び放課後児童クラブの運営主体は、こどもや保護者に
関する情報を、正当な理由がなく第三者へ提供してはなりません。個人情報
の保護に関する法律（平成15年法律第57号、以下「個人情報保護法」という。）
第3条では、「個人情報は、個人の人格尊重の理念の下に慎重に取り扱われ

35

るべきものであることに鑑み、その適正な取扱いが図られなければならない」とされています。また、基準第16条では、「放課後児童健全育成事業者の職員は、正当な理由がなく、その業務上知り得た利用者又はその家族の秘密を漏らしてはならない」「放課後児童健全育成事業者は、職員であった者が、正当な理由がなく、その業務上知り得た利用者又はその家族の秘密を漏らすことがないよう、必要な措置を講じなければならない」とされています。

また、通知「職員の資質向上・人材確保等研修事業の実施について」（平成27年5月21日雇児発0521第19号厚生労働省雇用均等・児童家庭局長通知）別添5「放課後児童支援員等研修事業実施要綱」により、都道府県等は、放課後児童支援員の認定を受けた者が、秘密保持義務に違反した場合やその他放課後児童支援員としての信用失墜行為を行った場合等には、当該者を認定者名簿から削除することができるとされています。

なお、「こどもの利益に反しない限りにおいて」とは、児童福祉法第21条の10の5第2項において、要支援児童等[6]と思われる者を把握した場合に市町村へ情報提供すること及び児童虐待の防止等に関する法律（平成12年法律第82号。以下「児童虐待防止法」という。）第6条第3項において、児童虐待を発見した者が児童相談所等に通告することは守秘義務違反に当たらないことが法律上明記されていることを踏まえたものです。また、個人データは原則として本人の同意を得ないで第三者に提供してはならないほか、保有個人情報は原則として特定した利用目的以外の目的のために利用又は提供してはなりませんが、個人情報保護法第27条第1項第1号及び同法第69条第1項では、例外規定として「法令に基づく場合」が掲げられており、児童福祉法第21条の10の5第1項に基づく情報提供及び児童虐待防止法第6条第1項に基づく通告は当該例外に該当します。

6　児童福祉法第6条の3第5項に規定する、保護者の養育を支援することが特に必要と認められる児童（以下「要支援児童」という。）若しくは保護者に監護させることが不適当であると認められる児童及びその保護者又は出産後の養育について出産前において支援を行うことが特に必要と認められる妊婦（以下「特定妊婦」という。）（以下「要支援児童等」という。）を指す。

第1章　総則

> ⑦　放課後児童クラブ及び放課後児童クラブの運営主体は、こどもや保護
> 　者の苦情等に対して迅速かつ適切に対応して、その解決を図るよう努め
> 　なければならない。

　放課後児童クラブ及び放課後児童クラブの運営主体には、こどもや保護者の要望や苦情等に対して誠実に対応し、自らの事業運営や育成支援の内容を見直すことが求められます。そのためには、苦情に関する対応の経過を記録し、職員間で検討の機会を設けて、内容や対応について共通理解を図ることが望まれます。これらは、放課後児童クラブが社会的責任を果たしていく上で欠かすことのできないものです。

　基準第17条第1項では、「放課後児童健全育成事業者は、その行った支援に関する利用者又はその保護者等からの苦情に迅速かつ適切に対応するために、苦情を受け付けるための窓口を設置する等の必要な措置を講じなければならない」とされています。苦情を受け付けるための窓口があるということは、こどもや保護者が要望や苦情をどこに寄せればよいのかが明確にされているということです。なお、苦情解決については、社会福祉法第82条においても「社会福祉事業の経営者は、常に、その提供する福祉サービスについて、利用者等からの苦情の適切な解決に努めなければならない」と、運営主体の努力義務が定められています。

> ⑧　放課後児童クラブ及び放課後児童クラブの運営主体は、こどもの権利
> 　が侵害される事案が発生した場合の対応方法について定め、あらかじめ
> 　こどもに周知しておき、事案発生時には適切に対応する必要がある。

　放課後児童クラブにおいてこどもの権利が守られるよう、放課後児童クラブ及び放課後児童クラブの運営主体は、権利侵害の疑われる事案が発生した場合の対応方法を定め、その方法及びこどもが相談できる窓口をこどもに周知し、事案発生時には適切に対応しなければなりません。

　なお、事案発生時の対応については、どのように対応したのか、その理由と結果等をこどもに知らせることは、こどもの権利を守り、権利侵害からの

回復を促す観点から重要なことです。その際は、こどもの心情やプライバシーに十分配慮することが求められます。

第2章　事業の対象となるこどもの発達

第2章 ｜ 事業の対象となるこどもの発達

　この章は、児童期（6〜12歳）の発達の特徴を3つの時期区分ごとに整理し、育成支援に当たって配慮すべき内容を記述しています。また、この章は、放課後児童支援員等が、こどもの発達の特徴や発達過程を把握し理解することに役立てるために、対象となるこどもの発達についての基礎的なことを示しています。実際の育成支援に当たっては、この章を参照しながら、家庭や学校、地域におけるこどもの生活を踏まえ、こどもの発達の特徴や発達過程を具体的に把握し、個々のこどもに応じて取り組むことが望まれます。

　放課後児童クラブでは、放課後等にこどもの発達段階に応じた主体的な遊びや生活が可能となるようにすることが求められる。このため、放課後児童支援員等は、こどもの発達の特徴や発達過程を理解し、発達の個人差を踏まえて一人ひとりの心身の状態を把握しながら育成支援を行うことが必要である。

　人間の生活は同じことの繰り返しに見えて、実は日々変化しています。その変化を年齢によっておおまかに捉えると、胎児期、乳児期、幼児期、児童期、思春期・青年期、壮年期、中年期、老年期というように時期区分することができます。こどもは、いくつかの時期を経て大人になっていきますが、それぞれの時期は次の時期の単なる準備段階ではなく、こどもにとって固有の意味と価値を持ちます。

　放課後児童クラブは、児童期のこどもにふさわしい遊びや生活が可能となるよう環境を整え、個々のこどもに応じた育成支援を行います。そのためには、家庭や学校、地域におけるこどもの生活を踏まえて、こどもの発達の特徴や発達過程を具体的に把握し理解することが必要です。

1．こどもの発達と児童期

> 6歳から12歳は、こどもの発達の時期区分において幼児期と思春期・青年期との間にあり、児童期と呼ばれる。

　こどもの発達過程では、運動や感情、言語や思考、人格や社会性といった機能領域ごとに変化が認められ、個人差も大きいものです。しかし、発達全体としては大きなまとまりがあり、それをもとに発達を時期区分することができます。現代社会において、こどもは誕生後、成人になるまでに、乳児期、幼児期、児童期、思春期・青年期という発達の時期区分を経ます。

　乳児期は、親[7]に依存している時期です。乳児期前半は仰向け姿勢やうつぶせ姿勢での生活を特徴として、「おはしゃぎ」等を通じて親と心理的な交流を図ります。乳児期後半は座位での生活とはいはいによる移動を特徴として、情動による関わりが展開します。

　幼児期は心理的な離乳[8]をし、友達関係を成立させて、次第に親から自立し始める時期です。幼児期前半には二足歩行が確立し、道具の使い方が巧みになり、言語によるコミュニケーションが進みます。それらの力を土台に2歳半から3歳にかけて反抗期を迎え、こどもは親と対立しながら自我を確立していきます。そして、幼児期後半を迎えると、こどもは親から見てもらうことと親から隠れてすることとを使い分けるとともに、こども同士の遊びが盛んになり、ごっこ遊びなどの虚構的世界を共有しながらこども達の間でのコミュニケーションが活発になります。

　児童期にはものや人の世界に対する興味が広がり、その興味の持続・探求のために自らを律することができるようになります。こうした興味や規律は、学校における学習を可能にすると同時に、その中で更に培われていきます。児童期前半には書き言葉や数量概念に進歩が見られ、学習を通じて様々

7　本章1～4は、こどもの発達の背景としての親子関係について解説しているため、「親」と表記している。本章5については、育成支援における配慮事項という主旨を考慮し、「保護者」としている。
8　「心理的な離乳」とは、こどもが親の依存を脱却して一人の社会人として独立していく発達過程に見られる心理的側面である。ここでいう心理的な離乳は、「こどもが安定した親子関係を基礎にしながら、一定時間親から離れて遊ぶことができるようになるなど、親子分離の心理的側面」を指している。

な知識を増やしていきます。また、他のこどもや大人の多様な人格について
も経験します。そして、9、10歳頃を境に児童期後半を迎えます。そこでは
特定の事物や場面に捉われるのではなく、より一般的で本質的なものを捉え
ようとする概念的な思考の初歩が形成され、更には、こども集団の中で過ご
すことにより、規律と個性が培われていきます。

　青年期は、性的な成熟をきっかけにした第二の自我の誕生の時期です。青
年期前半は思春期と呼ばれ、こどもは自分の身体の突然の変化に戸惑い、自
分のことを気にするようになります。また、部分的ではありますが、論理的
な思考が研ぎすまされ、人生や社会について考えるようになります。青年期
後半には、友情や恋愛を経験し、自分の個性や能力を自覚し、世界観を獲得
し、職業についての選択や準備をします。

　こうして、大人になるまでの諸過程において児童期は、幼児期からも思春
期・青年期からも区別されますが、同時に幼児期のような振る舞いや思春期・
青年期のような態度が見られることもあります。

> 　児童期のこどもは、学校、放課後、家庭のサイクルを基本とした生活となる。
>
> 　学校において基礎学力が形成されることに伴い、知的能力や言語能力、規範意識等が発達する。また、身長や体重の増加に伴って体力が向上し、遊びも活発化する。
>
> 　社会性の発達に伴い、様々な仲間集団が形成されるなど、こども同士の関わりも変化する。さらに、想像力や思考力が豊かになることによって遊びが多様化し、創意工夫が加わった遊びを創造できるようになる。
>
> 　児童期には、幼児期の発達的特徴を残しつつ、思春期・青年期の発達的特徴の芽生えが見られる。こどもの発達は、行きつ戻りつの繰り返しを経ながら進行していく。
>
> 　こどもは、家庭や学校、地域社会の中で育まれる。大人との安定した信頼関係のもとで、「学習」、「遊び」等の活動、十分な「休息」、「睡眠」、「食事」等が保障されることによって、こどもは安心して生活し育つことができる。

　こどもは、家庭や学校、地域社会の中で育まれていきます。大人との安定した信頼関係のもとで、「学習」「遊び」等の活動、十分な「休息」「睡眠」「食事」等が保障されることによって、こどもは安心して生活し、育つことができます。児童期のこどもの生活は、学校、放課後、家庭のサイクルが基本となります。また、放課後児童クラブに通うこどもは、夏休みや冬休み、春休み等の長期休業期間では放課後児童クラブと家庭のサイクルが基本となります。

　児童期は、学校への就学という環境上の変化によって始まります。こどもは、教師のもと、学校から始まる国語や算数などの授業を時間割に沿って学習します。こうした活動においては、保育所等で、興味・関心に応じて自由に遊んだり活動したりしていたこどもも、学校生活に慣れる過程である程度の努力や規律が求められることがあります。学年が進むとともに学習内容も高度になり、授業時間以外で自ら学習する時間も増えていきます。

第2章　事業の対象となるこどもの発達

　こうした新しい環境の下、児童期全体としては、基礎学力が形成されることに伴い、知的能力や言語能力、規範意識等が発達します。また、身長や体重の増加に伴って体力が向上し、遊びも活発化します。そして社会性の発達に伴い、様々な仲間集団が形成されるなど、こども同士の関わりも変化していきます。更に、想像力や思考力が豊かになることによって遊びが多様化し、創意工夫が加わった遊びを創造できるようになります。

　幼児期のこどもは、親や保育者等信頼を寄せる大人に見守られる中で遊びに没頭することができますが、児童期のこどもは、次第に大人から離れてこども同士で活発に活動するようになります。思春期・青年期のこどもは、特定の友人と親しい関係を形成し、時には孤独を好みますが、児童期のこどもは、こども集団で群れて遊ぶことを好みます。

　そしてこどもは、やがて思春期・青年期へ移行していきます。性的成熟が始まり、興味関心が物事の本質に向かうようになるのはその前兆です。児童期には、幼児期の発達的特徴を残しつつ、思春期・青年期の発達的特徴の芽生えが見られます。このようにして、こどもの発達は、行きつ戻りつの繰り返しを経ながら進行していきます。

２．児童期の発達の特徴

> 　児童期の発達には、主に次のような特徴がある。
> ○　ものや人に対する興味が広がり、その興味を持続させ、興味の探求の
> ために自らを律することができるようになる。
> ○　自然や文化と関わりながら、身体的技能を磨き、認識能力を発達させ
> る。
> ○　学校や放課後児童クラブ、地域等、こどもが関わる環境が広がり、多
> 様な他者との関わりを経験するようになる。
> ○　集団や仲間で活動する機会が増え、その中で規律と個性を培うととも
> に、他者と自己の多様な側面を発見できるようになる。
> ○　発達に応じて「親からの自立と親への依存」、「自信と不安」、「善悪と
> 損得」、「具体的思考と抽象的思考」等、様々な心理的葛藤を経験する。

　児童期の発達には、主に次のような特徴があります。

○　ものや人に対する興味が広がり、その興味を持続させ、興味の探求のた
めに自らを律することができるようになります。自然を注意深く観察した
り、事典や図鑑を調べたりしながら、知識を増やしていくことができるよ
うになります。

○　自然や文化と関わりながら、身体的技能を磨き、認識能力を発達させま
す。遊びの中で敏しょうな動きが可能になり、駆け引き等の知恵も身に付
けていきます。また、ルールを絶対化することなく、皆が楽しく遊べるよ
う工夫するようにもなります。

○　学校や放課後児童クラブ、地域等、こどもが関わる環境が広がり、多様
な他者との関わりを経験するようになります。それぞれのこどもにはそれ
ぞれの家庭があり、年齢や職業が異なる人達が生活していることを理解す
るようになります。

○　集団や仲間で活動する機会が増え、その中で規律と個性を培うととも
に、他者と自己の多様な側面を発見できるようになります。運動能力や言
語能力、絵画や音楽の能力等の違いを認めながら、グループ学習や集団遊

びにおいて、それぞれの特技を生かす方法を発見していきます。

○　発達に応じて「親からの自立と親への依存」「自信と不安」「善悪と損得」「具体的思考と抽象的思考」等、様々な心理的葛藤を経験します。こどもには課題を前にして葛藤を回避するのではなく、葛藤を経験しながら行動を選択する機会が与えられなければなりません。

3．児童期の発達過程と発達領域

児童期には、特有の行動が出現するが、その年齢は固定的なものではなく、個人差も大きい。目安として、おおむね６歳〜８歳（低学年）、９歳〜10歳（中学年）、11歳〜12歳（高学年）の３つの時期に区分することができる。なお、この区分は、同年齢のこどもの均一的な発達の基準ではなく、一人ひとりのこどもの発達過程を理解する目安として捉えるべきものである。

発達領域は、主要な心理機能に対応して、運動、感情、言語、思考、人格等の領域に区分することができます。児童期には、どの領域においても著しい変化が認められます。また、児童期には、特有の行動が出現しますが、その年齢は固定的なものではなく、個人差も大きいものです。

児童期は、目安として、おおむね６歳〜８歳（低学年）、９歳〜10歳（中学年）、11歳〜12歳（高学年）の３つの時期に区分することができます。なお、この区分は、同年齢のこどもの均一的な発達の基準ではなく、一人ひとりのこどもの発達過程を理解する目安として捉えるべきものです。

（1）おおむね６歳〜８歳

こどもは学校生活の中で、読み書きや計算の基本的技能を習得し、日常生活に必要な概念を学習し、係や当番等の社会的役割を担う中で、自らの成長を自覚していく。一方で、同時にまだ解決できない課題にも直面し、他者と自己とを比較し、葛藤も経験する。

遊び自体の楽しさの一致によって群れ集う集団構成が変化し、そこから仲間関係や友達関係に発展することがある。ただし、遊びへの参加がその時の気分に大きく影響されるなど、幼児的な発達の特徴も残している。

ものや人に対する興味が広がり、遊びの種類も多様になっていき、好奇心や興味が先に立って行動することが多い。

大人に見守られることで、努力し、課題を達成し、自信を深めていくことができる。その後の時期と比べると、大人の評価に依存した時期である。

空間認識や時間認識は、6歳から7歳頃にかけて発達します。例えば「ジュースの量はコップの形が変わり見た目が変化しても変わらないこと」や「夢中になって遊んでいる時はあっという間で、我慢して勉強している時はいつまでも終わらないというように、活動によって時間の長さが違うように感じられるが、時計の上での経過時間は同じであること」等を理解するようになります。しかし、入学時点のこどもの年齢には、ほぼ1年の幅があり、まだこうした理解に到達していないこどももいます。このような発達の違いは見逃されがちですが、こどもの状態に応じた配慮が必要です。

　こどもは学校生活の中で、読み書きや計算の基本的技能を習得し、日常生活に必要な概念を学習し、係や当番等の社会的役割を担う中で、自らの成長を自覚していきます。一方で、同時にまだ解決できない課題にも直面し、他者と自己とを比較し、葛藤も経験します。こどもは自信過剰と自信喪失との間で動揺することもあります。

　一定のルールに基づく対抗型の遊びは児童期に特徴的なものです。相撲のような一対一の遊び、おにごっこのような一対複数の遊び、ドッジボールのような複数対複数の遊び等々、こどもは人数や場所、時間に応じて多彩な遊びを繰り広げます。遊び自体の楽しさの一致によって群れ集う集団構成が変化し、そこから仲間関係や友達関係に発展することがあります。ただし、遊びへの参加がその時の気分に大きく影響されるなど、この時期には幼児的な発達の特徴も残しています。

　この時期、生活圏の拡大に伴って、こどもの好奇心や興味も拡張します。こどもは新しい遊具に挑戦したり、虫や蝶を追跡したり、坂道の上り下りに夢中になったりしながら、自らの身体的技能を高めていきます。しかし、不慣れなところで一つのことに集中するあまり、事故やケガに遭いやすいのもこの時期の特徴です。自身や周りの安全を守るための援助が必要となります。

（2）おおむね9歳～10歳

> 論理的な思考や抽象的な言語を用いた思考が始まる。道徳的な判断も、結果だけに注目するのではなく、動機を考慮し始める。また、お金の役割等の社会の仕組みについても理解し始める。
>
> 遊びに必要な身体的技能がより高まる。
>
> 同年代の集団や仲間を好み、大人に頼らずに活動しようとする。他者の視線や評価に一層敏感になる。
>
> 言語や思考、人格等のこどもの発達諸領域における質的変化として表れる「9、10歳の節」と呼ばれる大きな変化を伴っており、特有の内面的な葛藤がもたらされる。この時期に自己の多様な可能性を確信することは、発達上重要なことである。

　この年齢では、こどもは学校生活に慣れ、より広い環境の中で活動し始めます。

　遊びに必要な身体的技能がより高まり、様々なことに挑戦しようとします。

　同年代の集団や仲間を好み、大人に頼らずに活動しようとします。また、他のこどもの視線や評価に一層敏感になります。この時期に自己の多様な可能性を確信することは、発達上重要なことです。

　この年齢になると、学習内容に抽象的な概念が含まれるようになり、こどもは徐々に論理的な思考や抽象的な言語を用いた思考に慣れていきます。この変化は、単に言語や思考の変化に留まらず、人格や社会性等のこどもの発達諸領域における質的変化として現れます。

　道徳的な判断についても、結果だけに注目するのではなく、動機を考慮し始めます。また、お金の役割等の社会の仕組みについても理解し始めます。

　こうした質的変化については、「9、10歳の節」という用語によって説明されます。この現象はこども一般に認められ、小学4年生頃から増えてくる抽象的な概念の理解は多くのこどもにとって困難を伴います。

　具体的なイメージに支えられた思考から抽象的な概念に基づく思考への転換は、明確に切り替わるというものではなく、必要に応じて両者を使い分け

第2章　事業の対象となるこどもの発達

るということが起きます。そして、その際には特有の内面的な葛藤がもたらされます。

（3）おおむね11歳～12歳

> 学校内外の生活を通じて、様々な知識が広がっていく。また、自らの得意不得意を知るようになる。
>
> 日常生活に必要な様々な概念を理解し、ある程度、計画性のある生活を営めるようになる。
>
> 大人から一層自立的になり、少人数の仲間で「秘密の世界」を共有する。友情が芽生え、個人的な関係を大切にするようになる。
>
> 身体面において第2次性徴が見られ、思春期・青年期の発達的特徴が芽生える。しかし、性的発達には個人差が大きく、身体的発育に心理的発達が伴わない場合もある。

　学校内外の生活を通じて、様々な知識が広がっていきます。日常生活に必要な様々な事柄をほぼ理解し、ある程度、計画性のある生活を営めるようになります。

　また、自らの得意不得意を知るようになります。例えば、作文を得意とするこどもは読書感想文等に積極的に取り組みますが、不得手とするこどもはできるだけ取り組むのを先延ばしにしようとします。絵画の得意なこどもは絵を描くことに没頭しますが、不得手とするこどもは授業以外では絵を全く描かなくなることもあります。得意不得意を含めて自己を肯定できるかどうかは、発達上重要なことです。

　大人から一層自立的になり、少人数の仲間で「秘密の世界」を共有するようになります。そして友情が芽生え、個人的な関係を大切にするようにもなります。個人的な関係を大切にすることと様々な人達と関わることとは、本来対立することではありませんが、時としてこどもの仲間関係が排他的になることも起こります。

　身体面において第2次性徴が見られ、思春期・青年期の発達的特徴が芽生

49

えます。性的発達には個人差が大きく、身体的発育に心理的発達が伴わない
場合もあります。性の違いを認めつつ、人としての平等性を理解することは、
こどもの課題であると同時に、大人社会の課題でもあります。

4．児童期の遊びと発達

　放課後児童クラブでは、休息、遊び、自主的な学習、おやつ、文化的行事等の取り組みや、基本的な生活に関すること等、生活全般に関わることが行われる。その中でも、遊びは、自発的、自主的に行われるものであり、こどもにとって認識や感情、主体性等の諸能力が統合化される他に代えがたい不可欠な活動である。

　こどもは遊びの中で、他者と自己の多様な側面を発見できるようになる。そして、遊びを通じて、他者との共通性と自身の個性とに気付いていく。

　児童期になると、こどもが関わる環境が急速に拡大する。関わる人々や遊びの種類も多様になり、活動範囲が広がる。また、集団での遊びを継続することもできるようになっていく。その中で、こどもは自身の欲求と相手の欲求を同時に成立させるすべを見いだし、順番を待つこと、我慢すること、約束を守ることや平等の意味等を身に付け、協力することや競い合うことを通じて自分自身の力を伸ばしていく。

　こどもは、遊びを通じて成功や失敗の経験を積み重ねていく。こどもが遊びに自発的に参加し、遊びの楽しさを仲間の間で共有していくためには、大人の援助が必要なこともある。

　放課後児童クラブでは、休息、遊び、自主的な学習、おやつ、文化的行事等の取組や、基本的な生活に関すること等、生活全般に関わることが行われます。こどもにとって遊びとは最も自主的で真剣な活動です。こどもは遊びの中で自らの知恵や技能を思う存分発揮することができます。そして遊びはどんな相手とも平等に交わることが保障された活動です。また、遊びは総合的活動であり、こどもは遊びの中で様々なことを学習し、遊びを通して運動能力や社会性、創造性等々を発達させます。このように、遊びは、こどもにとって認識や感情、主体性等の諸能力が統合化される他に代えがたい不可欠な活動です。

　遊びは、こどもにとって最も自主的な活動です。何をして遊ぶか、誰と遊

ぶか、いつまで遊ぶか等々、遊びへの関わり方は本来、こども自らが決める
ことができるものです。その意味では、「一人遊び」も「見ていること」も
遊びへの参加として認められるものです。その時のこどもの体調や気分に
よって、選択される遊びの形態は異なるものですので、こどもの意思は尊重
されなければなりません。

　同時に、遊びは文化であり、大人世代からこども世代へと、ある地域から
他の地域へと継承されていくものでもあります。大人には、より楽しい様々
な遊びについて探究して、適切な形でこどもに伝えていくことが求められま
すし、こどもとともに遊びを創造していく必要もあります。そうした意味で
は、現代の放課後児童クラブは、遊び文化を伝承し広げていくために大切な
役割を担っているといえます。

　遊びの伝承は放課後児童クラブ内に限られたことではありません。児童期
になると、こどもの活動範囲が広がり、地域の行事やこども会等にも参加し、
様々な人々との交流を通して、遊びの多様性についても知るようになりま
す。地域との交流は、放課後児童クラブに新しい遊びを持ち込む機会にもな
ります。また時には、放課後児童クラブ特有の遊びを地域に広める機会に恵
まれることもあります。そうした経験は、こどもの放課後児童クラブの一員
としての誇りや自信を深めていくことにもなります。

　こどもは楽しく遊ぶために、遊びの中で他のこどもの諸能力を読み、自他
の特長を生かしたり、演技をしたりと、あらゆる工夫をします。児童期のこ
どもの社会性は、遊びにおいて最も発揮されます。また、こどもの身体的能
力や心的能力も遊びにおいて最大限に発揮されます。

　こどもは「加減」がわからないこともしばしばあります。「加減」がわか
るようになるためにはこどもの自己中心性が克服されなければなりません
が、それには多くの場合、遊びにおける成功や失敗の経験を通じて他者の視
点を理解していくことが必要になります。

　そのため、児童期のこどもの遊びには、大人の支援が重要な役割を果たし
ます。なお、実際に援助する場合には、こどもの発達に応じた柔軟なもので
なくてはなりません。たとえ「正しいこと」であっても、ある程度自立した

仲間関係を持ち始めた児童期のこどもに対する頭ごなしの介入は、遊びを発展させませんし、こどもの自立を妨げる結果にもなってしまいます。

5．こどもの発達過程を踏まえた育成支援における配慮事項

　　放課後児童支援員等は、こどもの発達過程を踏まえ、次に示す事項に配慮してこども一人ひとりの心身の状態を把握しながら、集団の中でのこども同士の関わりを大切にして育成支援を行うことが求められる。

　　放課後児童クラブは、こどもにとって遊びの場であり、生活の場です。学校から放課後児童クラブに来所するこども一人ひとりに目を向けると、「今日はこんな遊びをしよう」と思っているこども、「ああ疲れた」と言いながらやってくるこども、明日までに仕上げる宿題を心配しているこども、おなかを空かせているこども等々、個々のこどもの心身の状態は様々です。

　　その上、児童期のこどもは、自己表現が多少なりとも複雑になります。放課後児童支援員等の「お帰り」の言葉に対して、皆が「ただいま」と元気よく応えるわけではないし、その時の心身の状態をすぐには話さないこともあります。照れてみたり、ふざけてみたり、すねてみたりという具合に、それぞれのこどもの表現は複雑です。それらを受け止めながら、一人ひとりをあたたかく迎えるところから、育成支援が始まります。

　　小学1年生から6年生までを見ると、違いの大きさに気付くでしょう。体格はもちろんのこと、給食の量も違うし、学習内容や宿題も違いは大きいものです。興味も違うので、話題の差も大きいものです。放課後児童支援員等には豊富な話題に対応できることが求められます。

　　児童期は次第に保護者から自立していく過程にあります。児童期前半では、保護者に何でも話していたのが、児童期後半では、保護者には内緒で友達に話すのが楽しくなっていくなどの変化が見られます。こうした自立しつつあるこどもと保護者との間に立ち、双方の信頼を支え、高めるのも、放課後児童支援員等の役割です。

第2章　事業の対象となるこどもの発達

（1）おおむね6歳～8歳のこどもへの配慮

○　幼児期の発達的特徴も見られる時期であることを考慮する。

○　放課後児童支援員等が身近にいて、こどもが安心して頼ることのできる存在になれるように心掛ける。

○　こどもは遊びに夢中になると時間や場所を忘れることがある。安全や健康を管理するためにこどもの時間と場所に関する意識にも目を届かせるようにする。

　学校に就学したこどもは、学習においても遊びにおいても生活においても、今までできなかったことができるようになる経験を一つひとつ積み上げていきます。この経験は、教師や保護者や放課後児童支援員等から認められて、こども自身の誇りや自信へと結びついていきます。

　ここで、できるようになる前にはできない自分と向き合う時間があるということに留意しなければなりません。字がうまく書けるようになる前にはなかなかうまく書けない時間があります。一輪車を乗りこなせるようになる前には、何度も失敗を繰り返すことでしょう。その時は、「悔しいし、情けないし、先にできるようになった友達が羨ましいし……」という具合に、次々と負の感情に見舞われます。保護者や放課後児童支援員等はこのような場合、こどもを見守ることも必要です。こどもからすると、教えられることにも見守られることにも意味があり、やがてそれができるようになっていくことで自信につながっていきます。

　6歳～8歳の時期は、依存しつつ自立していくという特徴が顕著です。些細なことで泣き始めたり、抱っこしてもらいたがったりと、幼児期に戻ったかのような姿も見られます。このような時、こどもは大人に見守られることで、自らの誇りを支えに努力し、課題を達成し、自信を深めていくことができます。

　この時期は、その後の時期と比べると、大人の評価に依存した時期だといえます。また、この時期はものや人に対する興味が広がり、遊びの種類も多様になっていき、好奇心や興味が先に立って行動することが多く見られま

す。物事をこどもだけで判断しようとするのは困難なことも多く、必要に応じて大人や年上のこどもの援助が求められます。

（2）おおむね9歳～10歳のこどもへの配慮

○ 「9、10 歳の節」と呼ばれる発達諸領域における質的変化を伴うことを考慮して、こどもの意識や感情の変化を適切に捉えるように心掛ける。
○ 同年代の仲間との関わりを好み、大人に頼らず活動しようとする、他のこどもの視線や評価に敏感になるなど、大人に対する見方や自己と他者への意識や感情の発達的特徴の理解に基づいた関わりをする。

こどもによって達する年齢にかなり違いがありますが、おおむね小学4年生頃に、「9、10 歳の節」といわれる言語や認識や社会性等種々の面での質的な変化が認められます。例えば、ものの大きさや重さは知覚することができイメージしやすいものなので、6歳頃から理解可能になります。一方で、密度は2つのものの比率に関わるので、それを理解するためには抽象的な思考が必要です。そして、物質の単位体積当たりの質量という概念について、あらゆる物質を通じて考えるというのはもっと先の課題です。

こうした抽象的な概念に基づく思考は長い年月をかけて発達するものであり、教えたからすぐわかるというものではありません。放課後児童支援員等は、こどもの言葉や思考を丁寧に受け止めながら、その成長を見守る必要があります。

9歳～10歳のこどもは、見通しや計画性が育っていきます。保護者や大人に決められたとおりに行動するのではなく、自分の見通しや計画に従って行動するようになります。「危ないから行ってはいけない」と言われると、行って自分で確かめてみたくなるこどももいます。「もう夜の9時だから寝なさい」と言われても、やりたかったことをやり終えてから寝たいと思うこともあります。こうしたことは一見生活の乱れのようにも見えますが、言われたままの生活から自分で選んだ生活への切替えの時期ともいえます。

第2章　事業の対象となるこどもの発達

　9歳〜10歳のこどもは、同年代の仲間との関わりを好み、大人に頼らず活動しようとします。また、大人より他のこどもの視線や評価に敏感になっていきます。ドッジボール等の集団対抗遊びでは、自分が当てたとか当たったとかだけでなく、所属するチームの勝ち負けを考えるようになります。自分の都合より集団全体の利益を考えられるようになったり、6歳〜8歳（低学年）のこどもからの信頼を得て、まとめ役を担うようになったりしていきます。しかし、たとえ遊びの中だけのことであったとしても自己犠牲的な行動をとることはなかなか困難です。むしろ集団からは脱出してもっと自由に振る舞いたいというこどもも現れます。

　9歳〜10歳にかけてこどもの行動はより多様化していくことに、理解と配慮が求められます。

（3）おおむね11歳〜12歳のこどもへの配慮

○　大人から一層自立的になるとともに、こども同士の個人的な関係を大切にするようになるなどの発達的特徴を理解することに努め、信頼に基づく関わりを心掛ける。
○　ある程度、計画性のある生活を営めるようになる時期であることを尊重し、こども自身が主体的な遊びや生活ができるような関係を大切にする。
○　思春期・青年期の発達的特徴が芽生えることを考慮し、性的発達を伴う身体的発育と心理的発達の変化について理解し、適切な対応をする。

　11歳〜12歳（高学年）になると特定の友達との関係が大切になります。保護者に話さないことも友達には話すようになり、親しいこども同士での秘密の共有が始まります。こどものプライバシーの発達を尊重した関わり方が、放課後児童支援員等に求められます。

　多様な時間概念が形成されるので、限られた時間をどのように使って遊ぶのか、1日の学習時間と遊び時間の配分をどうするのか、1週間や1か月単位の勉強計画をどのように立てるのか、夏休みや冬休み、春休みをどのよう

に過ごすのか、1年後の宿泊旅行をどのように準備するのか等々を考えることができるようになります。こうした計画性は、以前の年齢に比べて格段と進歩してきますので、11歳〜12歳のこどもは保護者や放課後児童支援員等にとって頼りになる相談相手になったり、放課後児童クラブの中で重要な役割を担ったりすることもあるでしょう。ただし、計画を考えたとしても、実際にその計画どおりに課題を達成するには大変さを伴うこともあるので、相談等の際には放課後児童支援員等や保護者の配慮が必要です。

11歳〜12歳は、第2次性徴が始まる時期（女子は男子より早い）で、心身の変化を伴い、こどもは自身の身体をはじめいろいろなことに対して不安を感じます。こどもは、ある時は自身の性を受入れなかったり、ある時は他のこどもとの発育の違いに悩んだり、ある時は保護者に批判的な態度をとったりします。また、性的発達には、女性や男性が置かれている文化的・社会的状況も大きく影響します。放課後児童支援員等は、大人としてこうした影響も考慮しながら、これから大人になりゆくこどもを受け止めることが必要です。

年齢の異なるこどもが一緒に生活する放課後児童クラブでは、遊びへの参加、行事の決め方、片付けや掃除の仕方等々を巡って、こども同士のけんか等が起こることがあります。「勝手だ」「ずるい」「えこひいき」等々の表現で言い争いが展開します。6歳〜8歳（低学年）ではやりたいことのすれ違いが多く、それぞれの言い分を聞いていくと解決することもあります。9歳〜10歳（中学年）から11歳〜12歳（高学年）になると、単なる個人的主張ではなく、「男女を平等に扱ってほしい」「こども達を尊重してほしい」といった社会的な主張に至ることがあります。それは自由や平等、民主主義や権利の意識であり、今日の社会において欠かすことのできない大切な考え方です。そこには大人にとっても未解決の課題も含まれています。生活の中で生起する様々な出来事に際して、大人はどちらが正しいのか決めつけるのではなく、謙虚な態度でこどもに接し、こどもの意見に真摯に耳を傾けることが必要です。

（4）遊びと生活における関わりへの配慮

> 　こどもの遊びへの関わりは、安全の確保のような間接的なものから、大人が自ら遊びを楽しむ姿を見せるというような直接的なものまで、こどもの発達や状況に応じた柔軟なものであることが求められる。また、その時々のこどもの体調や気分によって、遊びの選択やこども同士の関わり方が異なることを理解することも必要である。
>
> 　こどもは時に大人の指示を拒んだり、反抗的に見える態度をとったりすることもある。こどもの言動の背景を理解することが求められる。
>
> 　こどもが放課後児童クラブの中でお互いの役割を理解し合って生活していくためには、こども同士の中での自律的な関係を認めつつ、一人ひとりの意識や発達の状況にも十分に配慮する必要がある。

　こどもの日々の活動は、大きく、遊びと学習と生活に区分することができます。遊びはこどもにとって最も自主的な活動であり、面白ければ継続しますし、つまらなければ止める活動です。こま回しやあやとり、かくれんぼやおにごっこ等、こどもが没頭する遊びの背景には文化的伝承があります。人類の歴史を通じて世界各地で様々な遊びが工夫され、創造されてきました。こうした遊び文化の伝承は、こどもの遊びを発展させる上で必須の条件です。大人はこどもに多様な遊びを提供し、その楽しさを伝えていく責任があります。大人を介した伝承とこどもによる再創造とは、補い合ったり対立したりしながら発展していきます。

　こどもは、学校に就学すると、読み書きや計算の基本的な技能を習得し、自然や社会に関する基礎的な知識を得ていきます。そうした学習を通じて、こどもは書き言葉や論理的・科学的な思考を発達させていきます。また、学習においては「できる」前には「できない」時間を、「わかる」前には「わからない」時間を経験します。そして、今はできなくともやがてできるし、今はわからなくてもやがてわかるという確信が生まれていくのです。そして、それは、生活場面での様々な自発的な学習につながっていきます。なお、このような経験を経ないままで知識の詰め込みや他のこどもとの比較が行わ

れると、こどもは自信を失い、自己に対して否定的な態度をとるようになります。

　生活は、睡眠と覚醒、食事と排泄、活動と休息といったそれぞれに性質の異なる2つの相から構成されます。この2つの相の交替は、こどもというよりは主に社会の事情によってもたらされます。就寝時間や食事時間等は、保護者の生活時間（労働等を含む）によって制約されますが、学校はあらかじめ開始時刻が決まっていて、それに合わせられるよう生活することが求められます。

　放課後児童クラブは、学校での生活の後に続く放課後のこどもの遊びと生活を保障し、保護者の就労等と家族の生活を可能にするところです。こどもは、学校からかなりの緊張や疲労を抱えて放課後児童クラブに帰ってきます。こどもにとって、ほっとするひと時が貴重です。おやつを食べながらよもやま話をする時間は、家族の団らんに匹敵するような大切な時間です。

　放課後児童クラブでは、こどもや保護者の努力を身近に感じ、こどもの成長を発見することができます。時には、こどもの言動に戸惑うこともあれば、それまでの関わり方に迷いが生じることもあるでしょう。だからこそ、放課後児童支援員等は、日々の気付きを大切にして育成支援を振り返る時間を持つ必要があります。そして、放課後児童クラブにおける休息、遊び、自主的な学習、おやつ、文化的行事等を含むこどもの生活全般を通してこどもの示す行動の意味を理解し、家庭や学校、地域社会及びそれを取り巻く文化的・社会的状況の変化を踏まえながら、こどもの発達について大局的な見通しを持つことが大切です。

第3章　放課後児童クラブにおける育成支援の内容

第3章 │ 放課後児童クラブにおける育成支援の内容

　この章は、育成支援を行うに当たって、こどもが主体的に過ごし一人ひとり
と集団全体の生活を豊かにしていくために必要となる育成支援の具体的な方法
や、障害のあるこども等に適切に対応していくために留意すべきこと、保護者
との信頼関係の構築等の内容を記述しています。解説では、「育成支援の内容」
で育成支援の全般的特徴と9項目にわたる留意事項を示した後、「障害のある
こどもへの対応」「特に配慮を必要とするこどもへの対応」「保護者との連携」
について示しています。また、「育成支援に含まれる職務内容と運営に関わる
業務」では、「育成支援に含まれる職務内容」と「運営に関わる業務」を区分
して示しています。

1．育成支援の内容

> （1）放課後児童クラブに通うこどもは、保護者が労働あるいは疾病や介
> 　　護等により授業の終了後の時間帯（放課後、学校休業日）にこどもの養
> 　　育ができない状況によって、放課後児童クラブに通うことが必要となっ
> 　　ているため、その期間をこどもが自ら進んで通い続けるためには、放課
> 　　後児童支援員等が保護者と連携して育成支援を行う必要がある。

◇　放課後児童クラブに通うこども

　放課後児童クラブは、児童福祉法第6条の3第2項（放課後児童健全育成
事業）を根拠とした事業です。本事業の対象は学校に就学しているこどもで
あって、その保護者が労働等により昼間家庭にいないこどものほか、保護者
の疾病や介護・看護、障害等により昼間家庭での養育ができないこどもです。

　保護者は、それぞれの養育環境や家庭の事情に応じて、その家庭が必要と
する期間、こどもを放課後児童クラブに通わせることになります。そのため、
放課後児童クラブでは、こどもが放課後児童クラブに通うことの必要性を理
解し、自ら進んで通い続けることができるように、家庭と連携して育成支援

61

を行う必要があります。

◇　保護者との連携

　こどもが自ら進んで放課後児童クラブに通い続けるためには、放課後児童クラブでのこどもの様子を保護者に伝え、保護者と連携して育成支援を行う必要があります。これは、育成支援の基本的な役割ともいえる大切なことです。

　放課後児童クラブにおけるこどもの様子を保護者に伝え、日常的な情報交換を行うことを通じてこどもの権利を尊重しつつこどもを見守る視点を保護者と放課後児童クラブとで補い合うことは、保護者が安心して子育てと仕事等とを両立できるよう支援することにもつながります。

（2）放課後児童クラブに通うこどもが遊びや生活の中で、自身の権利を理解できるような環境や機会を設けることが求められる。その内容について、保護者に周知するように努めること。

　放課後児童クラブにおいてこどもの権利が守られるためには、こども自身が権利の主体であることを理解し、実感する必要があります。そのためには、放課後児童クラブにおいては、日々の遊びや生活の中で、こどもが楽しみながら自らの権利を理解できるような環境・機会を設けることが求められます。例えば、こどもの権利に関する書籍や絵本等を手に取ることのできる環境を用意したり、一緒に読む機会を設けたり、ポスター等をこどもと一緒に作成し放課後児童クラブ内に掲示することや、放課後児童クラブのルールを放課後児童支援員等と一緒に考えることなどが考えられます。

　また、放課後児童クラブの育成支援に対する相互理解を深める観点から、その内容は保護者にも周知するよう努める必要があります。

第3章　放課後児童クラブにおける育成支援の内容

（3）放課後児童クラブは、年齢や発達の状況が異なる多様なこども達が一緒に過ごす場である。放課後児童支援員等には、それぞれのこどもの発達の特徴やこども同士の関係を捉えながら適切に関わることで、こどもが安心して過ごせるようにし、一人ひとりと集団全体の生活を豊かにすることが求められる。

　放課後児童クラブでは、年齢の異なるこどもが同じ場所で一緒に過ごす時間が多くあります。運営指針も、そのような状況での育成支援を想定しています。

　放課後児童支援員等には、年齢や発達の状況が異なるこどもが一緒に過ごす中で、それぞれのこどもの発達の特徴やこども同士の関係を捉えながら、一人ひとりと集団全体の生活を豊かにできるよう育成支援を行うことが求められます。

（4）こどもの発達や養育環境の状況等を把握し、こどもが発達面や養育環境等で固有の援助を必要としている場合には、その援助を適切に行う必要がある。

　育成支援を行うに当たっては、こども一人ひとりについて、その発達の状況や養育環境の状況等を把握することが必要です。このためには、保護者との日常的な情報交換や育成支援の場面を通じての気付き等が求められます。

　その際、こどもが発達面や養育環境等で特に配慮が必要であるなど固有の援助を必要としている場合には、こどもの状況に応じた適切な育成支援のあり方を考える必要があります。なお、「障害のあるこども」「特に配慮を必要とするこども」の育成支援については、この章の「2．障害のあるこどもへの対応」及び「3．特に配慮を必要とするこどもへの対応」で解説しています。

63

（5）こどもにとって放課後児童クラブが安心して過ごせる生活の場であり、放課後児童支援員等が信頼できる存在であることを前提として、放課後児童クラブにおける育成支援には、主に次のような内容が求められる。

　放課後児童クラブの生活の中では、次のような活動が行われます。

◇遊ぶ……放課後児童クラブにおける遊びは、一人で遊ぶ、数人で遊ぶ、大勢で遊ぶなど遊びの内容や遊びの中でのこどもの関係も様々です

◇くつろぐ……疲労の回復や気分転換のための休息、こども同士の語らいの団らん等

◇生活に必要なことをする……身の回りの整理整頓、衣類の調整、清潔の維持、おやつや学校休業日の昼食等

◇自主的に学習をする……宿題、自習等の学習活動等

◇集団で生活するために必要なことをする……集団での生活を維持するための係活動・当番活動、遊び場の清掃等の地域活動

◇静養する……病気になったりケガをしたりした時、気持ちを鎮める必要がある場合等に一時的に安全で安心できるところで心身を休める等

◇年度初めの新たな出会いや年度末の別れの際等のこども達の生活の節目に行う行事や季節の行事、表現活動や鑑賞等の文化的な活動等の取組をする

　以下に、このことを考慮して、こども一人ひとりと集団全体の生活を豊かにしていくための育成支援の留意点を、9項目にまとめて示します。

　なお、放課後児童クラブで育成支援を行う際に、放課後児童支援員等がこどもや保護者にとって信頼できる存在であることを制度として保障するために、基準第10条第3項各号のいずれかに該当する者であって、都道府県知事等が行う研修を修了したものを放課後児童支援員としています。そして、基準第10条第1項では、「放課後児童健全育成事業者は、放課後児童健全育成事業所ごとに、放課後児童支援員を置かなければならない」とされ、放課後児童支援員としての資格を有する者を放課後児童クラブに配置することが定められています。

第3章　放課後児童クラブにおける育成支援の内容

① こどもが自ら進んで放課後児童クラブに通い続けられるように援助する。

・放課後児童クラブに通うことについて、その必要性をこどもが理解できるように援助する。その際、こどもの意見も踏まえ、その権利が侵害されないよう、保護者や学校等関係機関と連携して対応する。

　放課後児童支援員等は、こどもの心情に配慮しながら、放課後児童クラブに通うことの必要性をこどもに伝えて理解を促し、こどもが自ら進んで放課後児童クラブに通い続けられるように援助することが必要です。その際には、こどもの権利が侵害されることのないよう、こどもの意見に耳を傾けながら、保護者や学校等の関係機関と連携して対応することが求められます。

　入所当初等は、初めて通う場所で何をして過ごせばよいのかわからないことに不安を感じるこどももいます。放課後児童支援員等には、こどもが放課後児童クラブでの過ごし方について理解できるように、こどもの様子を細やかに把握して丁寧に関わることが求められます。

　また、放課後児童クラブに通う意味を理解しても、通い続ける中でこどもに様々な出来事や気持ちの揺れが起きることもあります。放課後児童支援員等は、その時々のこどもの様子に細やかに対応しながら、援助を行う必要があります。

・放課後児童支援員等は、こどもの様子を日常的に保護者に伝え、放課後児童支援員等と保護者がお互いにこどもの様子を伝え合えるようにする。

　放課後児童クラブからこどもの様子を日常的に保護者に伝えることは、保護者が育成支援の内容を理解する手助けになり、保護者が家庭でのこどもの様子を放課後児童クラブに伝える関係を築くことにつながります。連絡帳や保護者の迎えの際の連絡等を通して、こどもの様子を日常的かつ継続的に保護者に伝え続けることを育成支援の中に位置付けて取り組むことが必要です。

　そして、放課後児童支援員等と保護者がお互いにこどもの様子を伝え合

い、こどもを見守るための視点を補い合いながら、こどもの育成に協力して取り組む環境をつくることが望まれます。

> ・こどもが放課後児童クラブに通うことに関して、学校と情報交換し、連携する。

　放課後児童クラブは、こどもの安全や生活の連続性を保障するために、毎日のこどもの下校時刻や学校の行事等の予定、学校から放課後児童クラブまでのこどもが通う経路や放課後児童クラブからの帰宅経路における緊急時の連絡方法、災害や感染症発生時等の緊急時対応に関する連絡・協力等についても、学校と情報交換し、連携できるようにすることが求められます。

　学校との情報交換を円滑かつ確実に進めるためには、保護者から学校の担任教諭にこどもが放課後児童クラブに在籍していることを伝えてもらうなど、保護者の理解と協力も望まれます。学校との連携の必要性や情報共有における留意点については、第5章「1．学校等との連携」でも解説しています。

> ・こどもの遊びや生活の環境及び帰宅時の安全等について、地域の人々の理解と協力が得られるようにする。

　放課後児童クラブでは、こどもの遊びや生活の多くが地域の中で行われます。また、こどもが学校から学校外の放課後児童クラブに来所する時や、放課後児童クラブから帰宅する時も地域との関わりを持ちます。こどもの遊びや生活の環境及び帰宅時の安全等を守るためには、地域の人々の理解と協力が必要になります。

　放課後児童クラブは、地域の実情の把握に努めるとともに、自治会等の地域組織やこどもに関わる関係機関等に放課後児童クラブの育成支援の内容や日々のこどもの生活の様子を伝え、地域の人々の理解と協力が得られるような関わりを築いていく必要があります。このことは、こどもの活動や交流の場を地域の中に広げることにもつながります。

② こどもの出欠席と心身の状態を把握して、適切に援助する。

> ・こどもの出欠席についてあらかじめ保護者からの連絡を確認しておくとともに、連絡なく欠席したり来所が遅れたりしたこどもについては速やかに状況を把握して適切に対応する。

　こどもの安全と保護者の安心を確保するとともに、放課後児童クラブでの育成支援に見通しが立てられるように、こどもの出欠席については、保護者からの連絡をあらかじめ確認しておく必要があります。その際、当日の変更についても確認できるようにすることが必要です。

　こどもは、時に学校から放課後児童クラブに来る途中で寄り道をするなどして来所が遅くなってしまうことや、連絡なく欠席してしまうこともあります。こどもが保護者からの連絡なく欠席したり来所が遅れたりした場合には、速やかに状況を把握して適切に対応することが求められます。出席する予定のこどもが予定の時刻を過ぎても連絡がないまま来所しない場合は、同じクラスのこども等にそのこどもの下校時の様子等を聞き、必要に応じて学校にも尋ねます。そして、連絡なく欠席していることがわかった時は、速やかに保護者に連絡をします。

　保護者には事前に、このような緊急時には速やかに保護者に連絡をとることを伝えておきます。所在が把握できず、探すことになる場合もあるため、その際の対応をあらかじめ検討し、職員間で共有しておくことも必要です。

　なお、こどもには、自分の判断だけで欠席しないことを理解できるように説明することが必要です。また、こどもの判断で欠席することがあった場合には、欠席したことの背景にあるこどもの気持ちや状況を把握することに努め、保護者と協力して対応を図っていくことも大切です。

- こどもの来所時には、こどもが安心できるように迎え入れ、こども一人
  ひとりの心身の状態を把握する。

　こどもが安全に過ごせるように、施設設備や遊具等の安全点検、整理整頓、清掃等は、毎日こどもが来所する前までに行う必要があります。そして、来所時には、放課後児童支援員等から声をかけるなど、こどもが安心できるように迎え入れることが望まれます。

　来所するこどもの状況は様々です。迎え入れる際のこどもとの会話や表情等に気を配ることは、その日のこどもの様子を把握する上でとても大切です。なお、来所時のこどもの心身の状態がいつもと異なることに気付くためには、一人ひとりのこどもの普段の健康状態や心身の状態についての特徴を把握し、放課後児童支援員等の間でその情報を共有しておく必要があります。

〈コラム〉　　　　　来所するこどもの様子の変化に気付く

　こどもの普段の健康状態や心身の状態等を把握し、来所時のこどもの様子に細やかに目配りすることによって、その日のこどもの心身の状態の変化等を把握することが可能になります。来所するこどもの様子の変化に細やかに気付くために求められる取組や視点について、以下にいくつかの具体的な例を紹介しますので、参考にしてください。

《こどもの様子を把握する》
● こどもの普段の体調と情緒が安定している時の状態を把握し、その情報を放課後児童支援員等の間で共有しておく。
● こどもの最近の来所時の様子や前日の様子、体調等について、打合せの際に伝え合う。
● 来所時のこどもの様子に目を配る。

《こどもの様子の変化に気付く》
● 一緒に帰ってくるこどもがいつもと異なる（いつもは一緒に帰ってくるのに、今日は別々に帰ってきた）。
● 来所時の様子やこども同士のやりとりにいつもと異なる雰囲気がある。
● 来所直後の行動がいつもと異なっている（ランドセルを置いたり、連絡帳を出したりする行動がいつもより乱暴・遅いなど）。
● いつもは話しかけてくるこどもが、放課後児童支援員等に顔を向けようとしない。

・遊びや生活の場面におけるこどもの状況や体調、情緒等を把握し、静養や気分転換が必要な時には適切に対応する。なお、病気やケガの場合は、速やかに保護者と連絡をとる。

　放課後児童支援員等には、日常の遊びや生活の様子、保護者との連絡等を通してこどもの様子を把握し、こどもの情報について職員間で共有しておくことが求められます。また、一緒に遊ぶ、会話をするなどの日常のこどもとの関わりの中から、こども一人ひとりの状況や体調、情緒等を把握することが望まれます。
　静養や気分転換が必要なことに気付いた時には、時機を逸さず対応することが求められます。また、病気やケガの場合は、状態を把握し、速やかに保護者と連絡をとることが必要です。

③　こども自身が見通しを持って主体的に過ごせるようにする。

・こどもが放課後児童クラブでの過ごし方について理解できるようにし、主体的に生活できるように援助する。

　放課後児童クラブでの過ごし方は、できるだけ簡潔でわかりやすいものとし、こどもが理解できるようにする必要があります。そのためには、来所時

や帰宅前に行うこと、集団での生活を円滑に進める上で協力して取り組むべきこと（片付け、整理整頓、係や当番活動等）、遊びやおやつ等の時間や生活の場面での決まりごと等、生活時間と生活全体の見通しを立てる上で必要なことについて、こどもと話し合いながら決めていくことが求められます。

こどもが主体的に生活できるようにするためには、こどもと一緒に遊びや生活の流れや内容を組み立て、折々に工夫・改善しながら過ごし方を考えていくことも望まれます。

> ・放課後児童支援員等は、こども全体に共通する生活時間の区切りをつくり、柔軟に活用してこどもが放課後の時間を自己管理できるように援助する。

放課後児童クラブでは、学年ごとの下校時刻や、学校の行事によるこども達の様子の変化を考慮して、無理のない過ごし方となるよう配慮しながら、室内遊びや屋外遊び、おやつ、自主的な学習活動等、遊びや生活内容ごとのおおまかな生活時間の区切りをつくることが求められます。そして、それをこどもと共有して活用することにより、こどもが見通しを持って過ごせるよう援助することが望まれます。

生活時間の区切りは、こどもが生活する姿を念頭に置きながら、無理なく過ごせるように組み立てます。その際、こどもが放課後児童クラブでの生活に見通しを立てることができ、集団の中での過ごし方についても自分自身で考えられるように工夫する必要があります。そのためには、それぞれの時間に何をするのか、なぜ区切りが置かれているのかをこどもにわかりやすく伝えるとともに、時には、こどもが納得して過ごせるように、話し合って改善していくことも大切です。

> ・放課後児童クラブにおける過ごし方や生活時間の区切り等は、保護者にも伝えて理解を得ておく。

放課後児童クラブにおける過ごし方や生活時間の区切り等は、保護者にも伝えて理解を得る必要があります。年度の初めに伝えるだけでなく、春休み、

新学期（特に1年生の過ごし方等）、夏休み等、過ごし方や生活時間の区切り方が変わるごとに通信や保護者会（放課後児童クラブが主催するもの）等を活用して丁寧に伝えることが大切です。特に放課後児童クラブに初めてこどもを通わせる保護者は、こどもがどのような生活をしているのか等について心配になることがあります。保護者の安心のためにも、放課後児童クラブにおける過ごし方や生活時間の区切り等は、すべての保護者に随時伝えることが望まれます。

④　放課後児童クラブでの生活を通して、日常生活に必要となる基本的な生活習慣を習得できるようにする。

・手洗いやうがい、持ち物の管理や整理整頓、活動に応じた衣服の着脱等の基本的な生活習慣が身に付くように援助する。
・こども達が集団で過ごすという特性を踏まえて、一緒に過ごす上で求められる協力及び分担や決まりごと等を理解できるようにする。

こどもが放課後児童クラブでの生活を通して習得する基本的な生活習慣には、健康や衛生に関すること（手洗い、うがい、衣服の着脱等）、こどもの日常生活に関すること（持ち物の管理、片付け、整理整頓等）、放課後児童クラブでの生活に関すること（集団生活を維持するための活動に分担・協力して取り組むこと等）があります。そのそれぞれについて、放課後児童支援員等は、こどもが放課後児童クラブにおける生活を通して身に付けることができるように援助することが求められます。その際には、一人ひとりの発達の状況に応じた援助を心掛けるとともに、その必要性をこども自身が納得し、取り組みやすい環境の中で身に付けていけるように工夫することも望まれます。

また、集団生活を維持するための活動に分担・協力して取り組む際には、それぞれのこどもが取り組んでいることを全員に知らせて、お互いのことを理解できるようにする機会を設けたり、定期的にその内容の改善について話し合ったりすることも望まれます。

〈コラム〉　　　基本的な生活習慣が身に付くように援助する

　放課後児童クラブでの生活を通して基本的な生活習慣を習得できるように援助する際には、こども一人ひとりの発達の状況に応じた援助を心掛けるとともに、こどもが取り組みやすいよう環境を工夫することが望まれます。このような配慮・工夫について考える上でのヒントとして、以下にいくつかの具体的な例を紹介しますので、参考にしてください。

● こどもが気温の変化に応じた衣服の着脱や、汗をかいた際などの着替えの習慣を身に付けるためには、こども自身が不快な状態に気付き、どのようにしたら気持ちよく過ごせるかを体験し理解する必要があります。遊びに夢中になり気付かない時や、自分で体調管理ができない場合は、「暑かったら１枚脱ごう」「寒かったら上着を着よう」「汗をかいたら着替えよう」等と具体的に伝えます。

● 遊びの後片付けは、その時々のこどもの状況や遊び道具の状態によっては、声をかけるだけでははかどらないことがしばしばあります。時にはこどもと一緒に片付けを行うことによって、こどもが片付けの手順を覚え、最後までやり遂げられるように援助します。

● 自分の持ち物（ランドセルや手提げ、靴等）を、所定の場所にしまうことの必要性について、こども達に丁寧に伝えるようにします。例えば、次のようなことが挙げられます。

　➤ 玄関や室内が整頓されていると、皆が心地よく過ごせる。

　➤ ランドセルがロッカーにしまわれていなかったり、靴が脱ぎっぱなしの状態では、自分の持ち物がわからなくなって困ることがある。

　➤ 自分の持ち物を片付けないでいると、集団で生活をしていく上で他のこどもにも迷惑をかけることになる。

　➤ 緊急時等の避難の邪魔になる、靴がすぐに履けないなどで迅速な行動ができなくなる場合もある。

第3章　放課後児童クラブにおける育成支援の内容

●室内のレイアウトを工夫する、遊び道具等の出し入れがしやすいように
収納を工夫する、置き場所をわかりやすくするなどの配慮をして、こど
もが持ち物の管理や遊び道具等の整理整頓をスムーズに行えるようにし
ます。また、屋外で遊べない雨天時等には、室内での過ごし方を工夫し
たり、あらかじめ室内遊びの準備をしておくなどをして、こどもが落ち
着いて室内で過ごせるような環境を整えます。

⑤　こどもが発達段階に応じた主体的な遊びや生活ができるようにする。

・こども達が協力し合って放課後児童クラブの生活を維持していくことが
できるようにする。その際、年齢や発達の状況が異なるこども達が一緒
に生活していることを考慮する。

　こどもが生活の中でできること・やりたいことは、年齢や発達の状況によっ
て異なります。これを踏まえずに、放課後児童支援員等が必要以上に先回り
して手や口を出してしまうことは、こどもの最善の利益にかなわない場合が
あるので、留意する必要があります。

　年齢や発達の状況が異なるこどもが一緒に過ごす中では、お互いが「まね
をしたり、見守ったり、待ったり、手助けしたりする」等のことが可能にな
ります。その一方で、遊びへの参加、行事の決め方、片付けや掃除の仕方等々
を巡って、こども同士の意見の対立等が起こることもあります。また、年下
のこどもに合わせて過ごし方が制約される場面が生じるなど、こども同士が
お互いの状況に合わせざるを得なくなる場面もあります。放課後児童支援員
等には、こども一人ひとりの思いに配慮しつつ、こどもがお互いを尊重しな
がら協力し合える関係を築けるように援助することが望まれます。

・こどもが仲間関係をつくりながら、自発的に遊びをつくり出すことがで
きるようにする。

　こどもが遊びの中で関わる仲間や遊びの内容は多様です。遊びの中で、こ

どもは、他者と自身の共通性や違いに気付くとともに、自身の欲求と他者の欲求を同時に成立させるすべを見出し、集団での遊びを継続できるようになります。そのような過程を経る中で、お互いの遊びや遊び仲間を認め合い、仲間関係をつくり、広げていきます。

　放課後児童支援員等は、こどもが仲間関係をつくり出せるように関わりを工夫し、自発的に遊びを展開できるように援助することが求められます。

　また、こどもが遊びに集中したり、ゆっくりくつろいだりできる場所や、思いきり動いたり、時には隠れたりする場所等、活動場所に多様さがあることによって、こどもの自発的な遊びの幅はより広がっていきます。年齢や発達の状況、その時々の心身の状態にも応じて、こども自身が遊びを自由に選択できるような環境を整えることも望まれます。

〈コラム〉　　　　　　　　　　遊びの場面での関わりの工夫

　こどもの遊びを豊かにするための工夫に、放課後児童支援員等が遊びにできるだけ多様な関わり方をできるようにすることがあります。そのためには、遊びへの関わり方を実際の場面から次のように分けて考えてみることが役立ちます。

● 遊び相手になる
　➤遊び相手になるこどもの人数や遊びの内容等によって、対応は様々に変化します。
● 遊び仲間の一員になる
　➤一緒に、ごっこ遊びをする、おにごっこをするなど。こどもと同じように役割を分担したり、一緒に遊んだりします。なお、このことは、「一緒に遊びながら遊びをリードする」こととは区別することが必要です。
● 一緒に遊びながら遊びをリードする
　➤こどもがその遊びのルールやコツを身に付けていない時に、遊びの中

に入って、遊びの楽しさを損なわないようにリードします。

●遊びを工夫する方法を示す

➤同じ遊びに飽きたり、遊びの人数が変わったりする時等に、アイディアを出したり、一緒に考えたりします。

●こどもの知らない遊びを紹介する。遊びに必要な技術や知識を教える

➤様々な遊びを調べるなどして、新しい遊びをこどもに紹介します。伝承遊びの中で、技術や知識が必要なものを伝えます。

●遊びのそばにいて、楽しく安全に遊べるようにする

➤こどもに頼まれて審判をする、同じ場所で異なる遊びが進行している時に遊びがぶつかり合わないようにするなどがあります。

●上記の関わりと併せて、「その遊びの安全が確かめられる場合には、大人がその場を離れることによって、信頼していることを伝えて、こども達だけで遊べるようにする」「こどもが遊ぶきっかけになったり、遊び始めたりするような環境を準備しておく」等の配慮もあります。

　遊びの場面では、大人の関わり方が遊びの中でのこどもの心理に大きな影響を与えるということも考慮しましょう。その際、こどもは大人が自分達の遊びのそばにいることを気にして不安に感じることもあるということに気を配り、「なぜそこにいるのか」をこどもにわかるように簡潔に伝え、こどもが安心して遊びに没頭できるようにすることが大切です。

・遊びや生活の中で生じる意見の対立やけんかなどについては、お互いの考え方の違いに気付くこと、葛藤の調整や感情の高ぶりを和らげること等ができるように、適切に援助する。

　遊びや生活の中では、こども同士の意見が一致しなかったり、わがままがぶつかり合ったり、感情の高ぶりをコントロールできなくなったりして、けんかになることもあります。けんかのきっかけとなる様々な関係、いろいろ

な感情を知り、そこから仲直りの方法を見つけていく過程は、こどもにとって大切な学びの機会ともなります。

　こどものけんかへの適切な対応を考えていく上では、それがどのような関わりの中で起こるのかを理解することが必要です。放課後児童クラブでのこどものけんかは、遊びや生活の中に存在する様々な場面や感情から生じます。放課後児童支援員等は、けんかを解決することのみを優先させるのではなく、お互いの思いを受け止めた上で、こどもの発達の状況等にも配慮しながら、お互いの考え方の違いに気付くこと、葛藤の調整や感情の高ぶりを和らげること等ができるように援助することが求められます。その際には、お互いの考え方の違いやそれぞれのこどもの気持ちを認め合えるようにするなどの丁寧な関わりが望まれます。

〈コラム〉　　　　　　　　　　こどものけんか

　こどものけんかへの対応には、けんかのきっかけになったこども同士の関係や感情とその収束過程を知ることが役立ちます。放課後児童クラブで起きているこどものけんかが、どのような場面や感情の揺れで起きているのか、どのような過程で収束しているのかを観察した以下の例を参考にしてください。

● 場面から見たきっかけ
▶ ルールを破る・ルールを勝手に変える（ずる）、おもちゃ・人・役割等の取り合い、夢中になりすぎる、ひいき、当て付け、優先順位（順番）、勝手な命令、度を越した競争心、ねらい打ち（一人ねらい）、ちょっかい、嫉妬、反発・反抗、出会い頭のぶつかり、侮蔑（名前や容姿、持ち物等）、……等

●感情の場面から見たきっかけ

▶その場その時（カッとなる、つい…、だんだん我慢できなくなる）、思い出し（過去へのこだわり・恨み、いつも…、また…、いつかは…）、わざと（わざとに違いない）、悔しい（負けたくない）、妬み（うらやましかった）、……等

　こどものけんかは、遊びや生活の中で他者と関わることによって起こるいろいろな感情がコントロールできなくなることから起きていることが多くあります。これらのことから、けんかの収束の過程には、こどもにとっての学びの機会が含まれていると捉えることができます。けんかになってしまった時、こどもは、「その時に起きた（自分の、相手の）感情を知り、その理由を考える」「相手の視点や考えの違いに気付けたり、内容を推測したりする」「仲直りの方法や手段を見つける」等の努力や工夫の過程を経て、けんかを収束させていくことができるようになります。

・こどもの間でいじめ等の関係が生じないような環境づくりに配慮するとともに、万一そのような問題が起きた時には早期対応に努め、学校等関係機関との連携のもと、放課後児童支援員等が協力して適切に対応する。

　いじめは、一定の人間関係にある他のこどもが行う、心理的・物理的な影響を与える行為であってその行為の対象となったこどもが心身の苦痛を感じているものを指します。

　こどもは、放課後児童クラブの活動においても、けんかをすることもあります。いじめにも、けんかにも、多様な形態があり、一見すると、けんかに見える行為の中にも、そのこどもの感じ方によって、いじめに当たるものもあります。放課後児童支援員等は、普段からこどもたちの様子に十分注意を払い、いじめに当たる行為が行われていないか見極めることが必要です。

放課後児童支援員等は、こどもからいじめに係る相談を受けるなどによって、いじめを発見した時には、いじめを受けたこどもの気持ちに寄り添って守り通す必要があります。また、日頃からこどもとの信頼関係を培うよう努めることが、いじめの予防と早期発見・早期対応につながります。

　いじめの事実があると思われる時は、いじめを受けたと思われるこどもが在籍する学校への通報その他の適切な措置をとる必要があります。通報後、学校からいじめを受けているこどもの見守り等を依頼されることも考えられますが、その際は、学校との連携を図りながら対応することが重要です。

　放課後児童支援員等は、いじめの関係が生じないようにする上で求められる配慮、いじめの早期発見に向けて取り組むべき事項、発見した際の対応方法等について、教育委員会、学校等と連携しながら、様々な事例や文献から継続的に学ぶ必要があります。

〈関連法令・通知等〉

いじめ防止対策推進法（平成25年法律第71号）より

（定義）
第2条　この法律において「いじめ」とは、児童等に対して、当該児童等が在籍する学校に在籍している等当該児童等と一定の人的関係にある他の児童等が行う心理的又は物理的な影響を与える行為（インターネットを通じて行われるものを含む。）であって、当該行為の対象となった児童等が心身の苦痛を感じているものをいう。　②〜④（略）
（基本理念）
第3条　いじめの防止等のための対策は、いじめが全ての児童等に関係する問題であることに鑑み、児童等が安心して学習その他の活動に取り組むことができるよう、学校の内外を問わずいじめが行われなくなるようにすることを旨として行われなければならない。
　②　いじめの防止等のための対策は、全ての児童等がいじめを行わず、

及び他の児童等に対して行われるいじめを認識しながらこれを放置することがないようにするため、いじめが児童等の心身に及ぼす影響その他のいじめの問題に関する児童等の理解を深めることを旨として行われなければならない。

③　いじめの防止等のための対策は、いじめを受けた児童等の生命及び心身を保護することが特に重要であることを認識しつつ、国、地方公共団体、学校、地域住民、家庭その他の関係者の連携の下、いじめの問題を克服することを目指して行われなければならない。

（いじめの禁止）

第4条　児童等は、いじめを行ってはならない。

（いじめに対する措置）

第23条　学校の教職員、地方公共団体の職員その他の児童等からの相談に応じる者及び児童等の保護者は、児童等からいじめに係る相談を受けた場合において、いじめの事実があると思われるときは、いじめを受けたと思われる児童等が在籍する学校への通報その他の適切な措置をとるものとする。　　　　②～⑥　（略）

・屋内外ともにこどもが過ごす空間や時間に配慮し、発達段階にふさわしい遊びと生活の環境をつくる。その際、製作活動や伝承遊び、地域の文化にふれる体験等の多様な活動や遊びを工夫することも考慮する。

　児童期になるとこどもの活動範囲が広がり、こどもの遊びの内容やその規模も大きく変化します。特にこの時期の屋外での遊びは、こどもの心身を解放し、運動能力を高めるとともに、こども同士の遊びをより豊かなものにします。放課後児童支援員等は、こども一人ひとりが発達段階にふさわしい遊びと生活を送ることができるよう、環境の工夫や改善等に努める必要があります。

　こどもの遊びをより豊かなものへと発展させるためには、様々な材料を加工したり組み立てたりしてものを作る・作って遊ぶことや、伝承遊びを取り

入れる等の工夫も望まれます。また、地域の様々な人々との交流を通して、地域の文化等に触れるなど、様々な体験を積むことによって、放課後児童クラブに新しい遊びや多様な活動を取り入れる工夫をすることも望まれます。

> ・こどもが宿題、自習等の学習活動を自主的に行える環境を整え、必要な援助を行う。

　放課後児童クラブの生活の中では、学校から出された宿題、自習等の学習活動ができる環境を整えることが必要です。宿題については、保護者の考えを聞き、保護者と放課後児童支援員等が共通の理解を持った上で、こどもが自主的に取り組めるようにすることが求められます。

　また、備品・図書等を設け、こどもが落ち着いて宿題、自習等の学習活動に自主的に取り組める環境を整えることも望まれます。

> ・放課後児童クラブのこども達が地域のこども達と一緒に遊んだり活動したりする機会を設ける。
> ・地域での遊びの環境づくりへの支援も視野に入れ、必要に応じて保護者や地域住民が協力しながら活動に関わることができるようにする。

　児童期は、こどもの遊びと遊び仲間の範囲が地域（主に学校区）に広がる時期です。放課後児童クラブの生活の中でも、放課後児童クラブの置かれている環境を有効に活用し、放課後児童クラブのこども達が地域のこども達と一緒に遊んだり過ごしたりする機会を設けることが求められます。それらの機会には、「地域のこども達と一緒に遊ぶ機会を設ける」「放課後子供教室へ参加する」「こどもの遊び場や居場所（児童館や図書館の児童コーナー等）に出掛ける」等が考えられます。

　また、放課後児童支援員等は、地域の中の遊びの環境やそれらに関わる事業や人々等を具体的に知り、情報を収集して、地域での遊びの環境づくりへの支援も視野に入れて取り組むことが求められます。そして、必要に応じてそうした活動に保護者や地域住民が協力しながら関わることができるようにすることが望まれます。

⑥　こどもが自分の気持ちや意見を表現することができるように援助し、放課後児童クラブの生活に主体的に関わることができるようにする。

・放課後児童支援員等は、こどもが気持ちや意見を表現できるようにし、それを受けとめる体制を整える。

　「こども基本法」では、こども施策の基本理念として、「全てのこどもについて、その年齢及び発達の程度に応じて、自己に直接関係する全ての事項に関して意見を表明する機会及び多様な社会的活動に参画する機会が確保されること」（第３条第３号）、「全てのこどもについて、その年齢及び発達の程度に応じて、その意見が尊重され、その最善の利益が優先して考慮されること」（第３条第４号）が規定されています。

　こどもは、自分の気持ちや意見を受け止めてくれる大人の存在があってこそ、自らの思いや考えを表現することができるようになります。放課後児童支援員等は、「こども基本法」の趣旨も踏まえ、放課後児童クラブにおける日々の遊びや生活の中で、こどもが自分の気持ちや意見を安心して話すことのできる環境を整える必要があります。

　放課後児童クラブでは年齢や発達の状況が異なるこどもが一緒に過ごします。さらに、こども一人ひとりの心身の状況も、当然多様であり、かつ毎日違ったものとなります。そうした中でこども一人ひとりの気持ちや意見に気付き、寄り添い対応するためには、普段からこども一人ひとりが発する言葉や意見に耳を傾け、受け止め、尊重する姿勢が重要になります。併せて、放課後児童支援員等の側からこどもに対して適切に情報を提供していくことも求められます。

　放課後児童クラブでの生活や遊びは、こどもと共につくっていくものです。こどもの気持ちや意見を尊重した育成支援のあり方について、職員間の意識の統一化を図り、職場内に浸透させることが重要です。

- こども一人ひとりの放課後児童クラブでの生活状況を把握しながら、こどもの情緒やこども同士の関係にも配慮し、こどもの意見を尊重する。
- こどもが放課後児童支援員等に悩みや相談事も話せるような信頼関係を築く。

　放課後児童クラブでは、こども一人ひとりの生活状況を把握して育成支援を行うことが求められます。また、放課後児童支援員等は、こどもの情緒やこども同士の関係にも配慮し、こどもの意見を尊重することが大切です。日頃からこどもの意見に耳を傾けるよう努めるとともに、言語化されていないこどもの思いや感情、気持ちにも気付けるように努力することで、こどもが悩みや相談事も話せるような信頼関係を築いていくことが望まれます。

- こどもが放課後児童クラブでのルール等について意見を表明する機会を持つことや、こどもの生活や遊びに影響を与える事柄については、こどもが放課後児童支援員等と共に考え、共に決めることができるよう努める。

　こどもは、自分で考えること、お互いの意見や感情に気付くこと、話合いによって意見をまとめていくこと、自分達で計画したことに責任を持って実行すること等を通して、多くのことを学んでいきます。また、遊びや生活のルール等についてこどもと放課後児童支援員等が一緒に考え、こどもの生活や遊びをこども自身の意見によって変えていく機会を持つことは、多様なこどものニーズに対応した放課後児童クラブ運営のみならず、こども自身が権利の主体であることを実感し、こどもの権利を守ることにもつながります。こどもと放課後児童支援員等が対等な目線で対話し、放課後児童クラブを共につくっていく姿勢が求められます。

〈関連法令・通知等〉

こどもの居場所づくりに関する指針（令和5年12月22日閣議決定）より

第3章 こどもの居場所づくりを進めるに当たっての基本的な視点
5.「みがく」～こどもにとって、より良い居場所となる～
（2）こどもとともにつくる居場所づくり
　　イベントの企画や居場所の運営ルールや規則をこども・若者とともに
　　つくることなど、居場所づくりにこども・若者が参画することは、多
　　様で変化するこども・若者のニーズを捉え、より良い居場所づくりを
　　進めるとともに、主体的な関わりを通じてこども・若者自身が権利の
　　主体であるということを実感し、こどもの権利を守るという観点から
　　も不可欠なものである。その際、多様なこども・若者が参画できるこ
　　とが、多様なニーズに応じた居場所づくりにつながる。（略）

・行事等の活動では、企画の段階からこどもの意見を反映させる機会を設
　けるなど、様々な発達の過程にあるこどもがそれぞれに主体的に運営に
　関わることができるように工夫する。

　放課後児童クラブで行事等を行う際には、こども同士が意見を出し合いな
がら企画や活動をつくり上げていく機会を設けることが求められます。その
際、放課後児童支援員等には、年齢や発達の状況が異なるこどもが一緒に生
活していることに十分配慮した上で、一人ひとりがそれぞれの状況に応じて
主体的に参加していけるような配慮や工夫をすることが求められます。
　こどもが運営に関わる行事等の活動を行う際には、まず放課後児童支援員
等からこどもと保護者に活動の目的やおおまかな内容を説明することに加え
て、こども自身が運営に関わる際の段取り等も伝えておく必要があります。
　活動の企画・実施の過程においては、こどもの状況を把握して、一人ひと

りが無理なく安全に参加できる活動となるように工夫することが望まれます。

⑦　こどもにとって放課後の時間帯に栄養面や活力面から必要とされ、こども同士や放課後児童支援員等とのコミュニケーションの機会となるおやつ等を適切に管理し、提供する。

・発達過程にあるこどもの成長にあわせて、放課後の時間帯に必要とされる栄養面や活力面を考慮して、おやつを適切に提供する。おやつの提供に当たっては、補食としての役割もあることから、昼食と夕食の時間帯等を考慮して提供時間や内容、量等を工夫する。
・おやつの提供に際しては、安全及び衛生に考慮するとともに、こども同士や放課後児童支援員等とのコミュニケーションの機会となるため、こどもが落ちついて食を楽しめるようにする。
・こどもが持参したおやつや食事については、安全及び衛生に考慮して、適切に管理する。

　こどもにとっておやつは、栄養補給（補食）としての役割とともに、気分転換をし、遊びや活動のもとになる活力を充実させる働きもあります。また、おやつの時間は、こども同士あるいはこどもと放課後児童支援員等が、一緒になごやかに楽しむひと時でもあります。ゆったりとした雰囲気で仲間と共におやつを楽しむことは、こどもにとって生活の場である放課後児童クラブにおいて、とても大切なことです。

　おやつの提供に当たっては、こどもの来所時間や夕食の時間、遊びや生活の流れ、こども達の状態等を考慮し、おやつを提供する時間や内容、量等を考えていくことが望まれます。提供に際しては、安全及び衛生管理に万全を期す必要があります。また、おやつの内容等については、保護者に伝えることが望まれます。

　なお、学校休業日や、食物アレルギーへの対応が難しい場合など、家庭からおやつや食事を持参することも考えられます。その場合にも、自宅を出て

から提供するまでの時間、保管場所、量、残った場合の対応等について、保護者やこどもとの認識共有を徹底するとともに、安全及び衛生に考慮した適切な管理を行うことが必要です。

・地域の実情に応じて昼食等を提供する場合には、保護者やこどもの意向を踏まえた上で、おやつ同様に内容や量等の工夫、安全及び衛生に考慮する。
・保護者組織が手配等した食事については、保護者組織や弁当事業者等と十分連携し、適切に管理する。

　放課後児童クラブにおける昼食等の提供には、事業所での調理のほか、学校給食センターの活用、弁当事業者との連携、保育所等の調理室の活用、こども食堂との連携等の事例があります。こどもや保護者の意向、地域で活用可能な資源・協力可能性のある弁当事業者等を確認しながら、適切な運用と管理を実現できる方法を選択する必要があります。

　いずれの場合においても、おやつと同様にこどもの生活時間、遊びや生活の流れ、こどもの状態等に応じて提供内容や量等を考えることが望まれます。また、安全及び衛生管理も不可欠です。

　なお、保護者組織が昼食等を手配する場合には、これら考慮すべき事項について保護者組織や弁当事業者等と十分情報連携を行い、適切に管理することが求められます。

・食物アレルギーのあるこどもについては、配慮すべきことや緊急時の対応等について事前に保護者と丁寧に連絡を取り合い、安全に配慮して提供する。

　食物アレルギーは、こどもの命に関わる事故を起こす可能性もあるため、危機管理の一環として対応する必要があります。放課後児童支援員等は、食物アレルギーに関する基礎知識、食物アレルギーのあるこどもに対する配慮事項や緊急時に使用するアナフィラキシー症状の進行を一時的に緩和する自己注射薬である「エピペン®」の使用方法を含めた対応方法等に関する基本

的な事項について継続的に学び、緊急時対応のマニュアル等を整備して全職員に周知を徹底し、こども本人・保護者と共有しておくことが必要です。

　放課後児童クラブへの受入れ時には、すべてのこどものアレルギーの有無を利用開始前までに調査する必要があります。食物アレルギーのあるこどもについては、書面及び保護者との面談により、アレルギー症状を起こす食品や現れる症状、家庭での対応状況、保育所等での対応の経緯や学校での対応状況、医師の指示等、必要な事項を把握し、全職員で情報を共有する必要があります。

　食物アレルギーのあるこどもへのおやつの提供については、それぞれの放課後児童クラブの設備や職員体制を踏まえて「代替食を提供する」「おやつを持参してもらう」等の対応方針を定めた上で、個々のこどもについての対応と配慮すべき事項について、保護者と相談しながら決めていくことが必要です。そして、その内容についても全職員に周知します。

　おやつを提供する際やこどもが食べる際には、誤配や誤食がないよう、危機管理を徹底し、確認体制を十分に整えて提供します。

　万が一、誤食があった場合には、その場で症状が現れなかった場合にも必ず保護者に伝えることが必要です。アレルギー症状が現れた場合の対応についてはマニュアルに基づく対応を全職員が実践できるように、緊急時を想定した訓練を定期的に実施することも必要です。

　保護者の同意を得た上で、放課後児童クラブで一緒に生活するほかのこどもにも、食物アレルギーやおやつを食べる際の注意点等について丁寧に説明し、理解や協力を求める必要があります。

　なお、こどもの食物アレルギーの状況は変化する場合があります。定期的に食物アレルギーの状況や配慮事項を保護者と確かめ合うことが必要です。

第3章　放課後児童クラブにおける育成支援の内容

〈関連法令・通知等〉

アレルギー疾患対策基本法（平成26年法律第98号）より

（学校等の設置者等の責務）

第9条　学校、児童福祉施設、老人福祉施設、障害者支援施設その他自ら
　　　　十分に療養に関し必要な行為を行うことができない児童、高齢者又は
　　　　障害者が居住し又は滞在する施設（以下「学校等」という。）の設置
　　　　者又は管理者は、国及び地方公共団体が講ずるアレルギー疾患の重症
　　　　化の予防及び症状の軽減に関する啓発及び知識の普及等の施策に協力
　　　　するよう努めるとともに、その設置し又は管理する学校等において、
　　　　アレルギー疾患を有する児童、高齢者又は障害者に対し、適切な医療
　　　　的、福祉的又は教育的配慮をするよう努めなければならない。

〈関連法令・通知等〉

アレルギー疾患対策の推進に関する基本的な指針（平成29年厚生労働省告
示第76号）より

第一　アレルギー疾患対策の推進に関する基本的な事項

（2）国、地方公共団体、医療保険者、国民、医師その他の医療関係者及
　　　び学校等の設置者又は管理者の責務

　　カ　学校、児童福祉施設、老人福祉施設、障害者支援施設その他自ら
　　　　十分に療養に関し必要な行為を行うことができない乳幼児、児童、
　　　　生徒（以下「児童等」という。）、高齢者又は障害者が居住し又は
　　　　滞在する施設の設置者又は管理者は、国及び地方公共団体が講ずる
　　　　アレルギー疾患の発症や重症化の予防及び症状の軽減に関する啓発
　　　　及び知識の普及等の施策に協力するよう努めるとともに、その設置

又は管理する学校等において、アレルギー疾患を有する児童等、高齢者又は障害者に対して、適切な医療的、福祉的又は教育的配慮をするよう努めなければならない。

第五　その他アレルギー疾患対策の推進に関する重要事項

（１）アレルギー疾患を有する者の生活の質の維持向上のための施策に関する事項

　　エ　国は、財団法人日本学校保健会が作成した「学校のアレルギー疾患に対する取り組みガイドライン」及び文部科学省が作成した「学校給食における食物アレルギー対応指針」等を周知し、実践を促すとともに、学校の教職員等に対するアレルギー疾患の正しい知識の習得や実践的な研修の機会の確保及びその内容の充実等について、教育委員会等に対して必要に応じて適切な助言及び指導を行う。児童福祉施設や放課後児童クラブに対しても、職員等に対して、「保育所におけるアレルギー対応ガイドライン」等既存のガイドラインを周知するとともに、職員等に対するアレルギー疾患の正しい知識の習得や実践的な研修の機会の確保等についても地方公共団体と協力して取り組む。また、老人福祉施設、障害者支援施設等に対しても、職員等に対するアレルギー疾患の正しい知識が普及されるよう、職員等の研修受講等について必要な周知を行う。

⑧　こどもが安全に安心して過ごすことができるように環境を整備するとともに、緊急時に適切な対応ができるようにする。

・こどもが自分で避けることのできない危険に遭遇しないように、遊びと生活の環境について安全点検と環境整備を行う。

　こどもにとっての危険の種類や内容と、それらに対応するこども自身の能力は、年齢や発達の状況によって変化します。こどもの安全を守るためには、こどもが予測できず、どのように対処すればよいかの判断が不可能な危険（ハ

ザード）に対して、未然に排除できるような対応や管理の方法を考えておくことが必要です。

　事故やケガを未然に防ぐためには、屋内外の施設設備等の衛生や安全を点検し、遊びや生活が衛生及び安全の確保された環境で行われるよう整備することが必要です。衛生や安全管理に関する点検は、点検項目や点検頻度、点検者を定め、定期的に行います。なお、点検対象とする環境には、近隣の公園に行く場合や散歩、遠足等、放課後児童クラブの外で活動する場合も含まれます。

　更に、地域の中でこどもが安全に過ごせるように支援する上では、家庭から学校、学校から放課後児童クラブ、放課後児童クラブから家庭等、こどもの主な行動範囲を中心とした地域の中でのこどもの行動や環境を把握することも求められます。

> ・こどもが危険に気付いて判断したり、事故等に遭遇した際に被害を最小限にしたりするための安全に関する自己管理能力を身に付けられるように援助する。

　放課後児童クラブでは、こども一人ひとりが身に付けている安全についての自己管理能力を把握して、「こどもの自己管理能力を生かすことができること」「そのこどもが学習することによって理解できること、習得することが可能なこと」「放課後児童支援員等が直接危険からこどもを守ること」を、適切に組み合わせて対応する必要があります。こどもが遭遇する危険は、こどもの発達段階や、こどもが置かれている状況や行動の内容によっても異なります。そのため、こども一人ひとりの発達の状況、健康の状況等を把握した上で、それぞれに対応した適切な援助のあり方を考えていくことが求められます。

　また、遊びの場面では、こどもの好奇心や意欲も大切にしながら、危険なことについてこども自身が考え、判断できるよう援助していくことが求められます。そのため、想定される危険の内容によっては、安全を確保するための行動のあり方についてこども自身が学ぶ機会を設けることも望まれます。

〈コラム〉　　　　　　　遊びにおけるリスクとハザード

　こどもが安全に関する自己管理能力を身に付けられるよう援助するためには、こどもの遊びや生活において想定される「リスク」と「ハザード」について知ることも大切です。以下に「都市公園における遊具の安全確保に関する指針（改訂第3版）」（令和6年6月国土交通省）の一部を紹介します。参考にして、こどもの遊びと安全について考えてみましょう。

2．子どもの遊びにおける危険性と事故
2－1　リスクとハザード
（1）遊びにおけるリスクとハザード

　　子どもは、遊びを通して冒険や挑戦をし、心身の能力を高めていくものであり、それは遊びの価値のひとつであるが、冒険や挑戦には危険性も内在している。子どもの遊びにおける安全確保に当たっては、子どもの遊びに内在する危険性が遊びの価値のひとつでもあることから、事故の回避能力を育む危険性あるいは子どもが判断可能な危険性であるリスクと、事故につながる危険性あるいは子どもが判断不可能な危険性であるハザードとに区分するものとする。

（解　説）

1）リスクとハザードの意味

①リスクは、遊びの楽しみの要素で冒険や挑戦の対象となり、子どもの発達にとって必要な危険性は遊びの価値のひとつである。子どもは小さなリスクへの対応を学ぶことで経験的に危険を予測し、事故を回避できるようになる。また、子どもが危険を予測し、どのように対処すれば良いか判断可能な危険性もリスクであり、子どもが危険を分かっていて行うことは、リスクへの挑戦である。

②ハザードは、遊びが持っている冒険や挑戦といった遊びの価値とは関係のないところで事故を発生させるおそれのある危険性である。

第3章　放課後児童クラブにおける育成支援の内容

また、子どもが予測できず、どのように対処すれば良いか判断不可能な危険性もハザードであり、子どもが危険を分からずに行うことは、リスクへの挑戦とはならない。

2）リスクとハザードの境界

①リスクとハザードの境界は、社会状況や子どもの発育発達段階によって異なり、一様でない。子どもの日常の活動・経験や身体能力に応じて事故の回避能力に個人差があり、幼児が小学生用遊具を利用することは、その遊具を安全に利用するために必要な運動能力、危険に関する予知能力、事故の回避能力などが十分でないため、ハザードとなる場合がある。

②都市公園の遊び場は、幅広い年齢層の子どもが利用するものであり、一つの遊具において全ての子どもの安全な利用に対応することは困難であるため、遊具の設置や管理に際しては、子どもの年齢層などを勘案する必要がある。

・事故やケガ、災害等の緊急時にこどもの安全が守られるように、対応方針を作成して定期的に訓練を行う。

　放課後児童クラブの運営主体は、放課後児童クラブにおける事故やケガの防止や発生時の対応についての方針を策定し、放課後児童支援員等に周知徹底する必要があります。

　防災・防犯対策、こどもの来所・帰宅時の安全確保等についても計画及びマニュアル等を作成し、その内容を保護者と学校、更には自治会等の地域組織や関係機関等と共有して、協力してこどもの安全を守る必要があります。

　更に、事故や災害の発生時の応急対応や二次被害を防ぐための対応についても計画及びマニュアル等を作成し、想定訓練等を行うなど、迅速に対応できるようにしておくことが求められます。その際、学校施設内の放課後児童クラブや校庭を利用している放課後児童クラブは、学校との情報共有を密に

し、迅速に協力できる体制を築いておく必要があります。

　なお、計画及びマニュアル等や対応方針は、緊急時を想定した訓練や実際に起きた事例を参考にしながら作成し、訓練等の実施時にその都度見直し・改善を図っていくことが望まれます。特に計画は、基準第6条の2による安全計画との整合を考える必要があります。

> ・性暴力防止のため、こどもの発達段階に応じた啓発を行う。また、放課後児童支援員等からこどもへの性暴力及びこども間での性暴力が発生した際に適切かつ迅速に対応できるよう体制を構築する。

　性犯罪・性暴力は、個人の尊厳を著しく踏みにじる行為です。とりわけ、こどもに対する性犯罪・性暴力は、被害に遭った当事者の心身に長期にわたり有害な影響を及ぼす極めて悪質な行為であって、断じて許すことはできません。年齢や性別に関わらず、またどのような状況に置かれたこどもであっても、性被害に遭うことはあってはなりません。

　こどもが性被害に遭った場合に、それを性被害であると認識できないことや、加害者との関係性、適切に対応されない恐れ等から誰にも相談できないことが多く、被害が潜在化・深刻化しやすいと指摘されています。

　性暴力防止のため、放課後児童クラブはこどもに対し、「プライベートゾーン（水着で隠れる身体部分と口。自分だけの大切な場所）」を他の人に見せたり触らせたりしないこと、また他の人のプライベートゾーンを見たり触ったりしてはいけないこと、16歳未満の場合は、同意[9]があったとしても、プライベートゾーンに触れるなどの性的な行為は性暴力に当たることや、どんな場合であっても被害者は悪くないこと、嫌だなと思うことに遭った時には信頼できる大人や関係機関に相談できること等を伝えることが求められます。その際、絵本やイラストを用いるなど、こどもの年齢や発達段階に応じたわかりやすい説明を心掛け、すべてのこどもが理解・対応を実践できるようにすることが重要です。

　また、放課後児童支援員等からこどもへの性暴力の場合、こどもへの教育・保育等に携わる人々の多くは、熱意を持って取り組んでおり、こどもへの性

暴力など想像もつかない人が多いため、これまでの多くのケースで、現場の職員の中に、「まさかそんなことが起こるはずがない」、「まさか信頼の厚いあの人がやるはずがない」という意識が強い傾向がみられ、それが結果的に発見を遅らせてしまうことにつながっています（例：被害児童やリスクを感じた職員が、「言っても信用してもらえない」と感じてしまうこと）。

　このため、こどもへの性暴力は生じ得るとの意識を持つことが、性暴力のリスクを早期発見につなげる上で有効と考えられます。他方、これは職員間で疑いを持つことを意味しているのではなく、性暴力のリスクを把握する上で前提となる意識を意味しているものです。

　さらに、こども間の性暴力の場合は、被害者と加害者それぞれのこどもと保護者に対し、適切な対応とケアが必要となることに留意が必要です。

　こどもへの啓発により、こども自身が性被害を認識できるようにするとともに、こどもから性被害を訴えることが難しいことや、こどもへの性暴力やこども間の性暴力が起こり得ることを前提に、こどもの発する変化を早期に察知し、こどもへの性暴力が発生した疑いがある場合には、それを速やかに市町村や運営主体に報告するなど、適切に対応するための体制構築が求められます。

9　性的同意とは、お互い積極的に性行為（例：プライベートゾーンの接触）を望んでいるか確認をとること。16歳未満の児童については、性的行為に関して有効に自由な意思決定をするための能力が十分に備わっているとは言えないため＊、仮に本人の同意がある場合であっても、性的行為が犯罪や性暴力となることに留意が必要である。

＊性的行為に関して有効に自由な意思決定をするための能力としては、①行為の性的な意味を認識する能力だけでなく、②行為の相手方との関係において、行為が自己に及ぼす影響について自律的に考えて理解したり、その結果に基づいて相手方に対処したりする能力が必要であると考えられる。13歳未満の場合は、①の能力が備わっておらず、有効に自由な意思決定をする前提となる能力が一律に欠け、13歳以上16歳未満の場合は、①の能力が一律に欠けるわけではないものの、②の能力が十分でなく、相手方との関係が対等でなければ、有効に自由な意思決定ができる前提となる能力に欠けると考えられる。このため、13歳以上16歳未満の場合は、相手方との間に対等な関係がおよそあり得ず、有効に自由な適切な意思決定をする前提となる能力に欠ける場合に限って処罰する観点から、当該13歳以上16歳未満の者が生まれた日より5年以上前の日に生まれた者が処罰対象とされている。

〈コラム〉　　　　　　　　　性被害防止に向けた対応

　性暴力防止のためにこどもにどのようなメッセージを伝えれば良いのか、また性暴力が発生した場合に適切かつ迅速な対応を行うことができるよう、どのような体制構築を行えばよいのか。以下にいくつかの実践例を整理します。今後の対応強化において、参考にしてください[10]。

　※2025年に、こども家庭庁調査研究事業の成果物として、従事者からこどもへの性暴力防止の取組についてまとめた「教育、保育等を提供する場における児童に対する性暴力の防止等の事業者による取組を横断的に促進するための指針のひな型」が公表されるので、こちらも参考にしてください。

啓発のための取組として：
　・性被害防止等を教える「生命（いのち）の安全教育」
　・小学生・未就学児等を対象としたプライベートゾーン等の啓発
性暴力の早期発見・対応のための取組として：
　・複数名の従事者による、児童の変化の把握
　・相談しやすい環境整備（相談窓口の周知広報の強化等）
　・性暴力防止等に関する研修（従事者による早期発見、性加害の抑止、被害の疑い発生時の対応）
　・保護者に対する啓発の促進（保護者への啓発、被害に遭った場合の注意ポイントをまとめたリーフレット作成等）
　・関係機関との連携（学校、児童相談所、性犯罪・性暴力被害者のためのワンストップ支援センター等との連携による支援体制強化）

10　令和6年度こども家庭庁調査研究事業の成果物として、従事者からこどもへの性暴力防止の取組についてまとめた「教育、保育等を提供する場における児童に対する性暴力の防止等の事業者による取組を横断的に促進するための指針」が公表されるので、参考にされたい。

〈関連法令・通知等〉

学校設置者等及び民間教育保育等事業者による児童対象性暴力等の防止等のための措置に関する法律（令和6年法律第69号）より

（目的）

第1条　この法律は、児童対象性暴力等が児童等の権利を著しく侵害し、児童等の心身に生涯にわたって回復し難い重大な影響を与えるものであることに鑑み、児童等に対して教育、保育等の役務を提供する事業を行う立場にある学校設置者等及び民間教育保育等事業者が教員等及び教育保育等従事者による児童対象性暴力等の防止等をする責務を有することを明らかにし、学校設置者等が講ずべき措置並びにこれと同等の措置を実施する体制が確保されている民間教育保育等事業者を認定する仕組み及び当該認定を受けた民間教育保育等事業者が講ずべき措置について定めるとともに、教員等及び教育保育等従事者が特定性犯罪事実該当者に該当するか否かに関する情報を国が学校設置者等及び当該認定を受けた民間教育保育等事業者に対して提供する仕組みを設けることとし、もって児童等の心身の健全な発達に寄与することを目的とする。

（学校設置者等及び民間教育保育等事業者の責務等）

第3条　学校設置者等及び民間教育保育等事業者は、児童等に対して教育、保育等の役務を提供する事業を行う立場にあるものであり、児童等に対して当該役務を提供する業務を行う教員等及び教育保育等従事者による児童対象性暴力等の防止に努め、仮に児童対象性暴力等が行われた場合には児童等を適切に保護する責務を有する。

2　（略）

⑨　放課後児童クラブでのこどもの様子を日常的に保護者に伝え、家庭と連携して育成支援を行う。

・放課後児童クラブにおけるこどもの様子を日常的に保護者に伝える。その際、ＩＣＴ（情報通信技術）を活用するなど、家庭と放課後児童クラブ双方が効率的に情報を共有できるようにする。
・こどもに関する情報を家庭と放課後児童クラブで共有することにより、保護者が安心して子育てと仕事等を両立できるように支援する。

　こどもの出席の状況や健康状態等について常に保護者と密接な連携を図ること、放課後児童クラブにおけるこどもの様子を日常的に保護者に伝えることは、放課後児童クラブがその役割を果たす上で必要なことです。

　こどもが放課後児童クラブに通い続けられるようにするためには、出席の状況やこどもの健康状態等について常に保護者と密接な連携を図ることが必要です。そして、放課後児童クラブでのこどもの様子と、育成支援の内容を保護者に日常的に伝えることは、保護者が安心して子育てと仕事等を両立できるよう支援することにつながります。

　保護者にこどもの様子を伝える方法や機会は多様にあります。ＩＣＴ（情報通信技術）を活用した情報伝達・共有により、家庭と放課後児童クラブ双方の負担軽減や情報共有の円滑化を図ることもできます。それぞれの特徴、活用方法、配慮すべき事項等については、この章の「4.　保護者との連携」で解説しています。

第3章　放課後児童クラブにおける育成支援の内容

2．障害のあるこどもへの対応

（1）障害のあるこどもの受入れの考え方

○　障害のあるこども（医療的ケアを必要とするこどもを含む）について
は、地域社会で生活する平等の権利の享受と、包容・参加（インクルー
ジョン）の考え方に立ち、こども同士が生活を通して共に成長できるよ
う、障害のあるこどもも放課後児童クラブを利用する機会が確保される
ための適切な配慮及び環境整備を行い、可能な限り受入れに努める。

◇　障害のあるこどもの受入れに当たっての前提となる考え方

　障害のあるこども（以下、医療的ケアを必要とするこども[11]を含む）につ
いては、地域社会で生活するこどもの1人として、他のこどもと共に成長で
きるよう放課後児童クラブの利用を選択できる機会を保障し、地域社会の中
で孤立したり排除されたりしないよう援護し、社会の構成員として包み支え
合う社会をつくるよう目指す[12]という考え方に立って受入れに努めることが
大切です。そのため、放課後児童クラブを利用する機会の確保に向けた配慮
及び環境整備を行い、可能な限り受入れに努めることが望まれます。また、
「医療的ケア児及びその家族に対する支援に関する法律」（令和3年法律第81
号）が施行され、放課後児童クラブは利用している医療的ケア児に対し、適
切な支援を行う責務を有するとされています。

　障害のあるこどもの権利については、児童の権利に関する条約に加え、障害
者の権利に関する条約でも最善の利益の保障、意見を表明する権利を保障す
るための支援を提供される権利（第7条）、地域社会で生活する平等の権利の
享受と包容・参加（インクルージョン）の考え方（第19条）が示されています。

11　医療的ケア児ともいう。児童福祉法第56条の6第2項に規定する「人工呼吸器を装着している障
害児その他の日常生活を営むために医療を要する状態にある障害児」を指します。具体的には日常生
活を営むために、人工呼吸器、経管栄養、喀痰吸引、導尿、インスリン注射などの医療を要しています。
12　「今後の障害児支援の在り方について（報告書）～「発達支援」が必要な子どもの支援はどうある
べきか～」（平成26年7月16日障害児支援の在り方に関する検討会）

〈関連法令・通知等〉

医療的ケア児及びその家族に対する支援に関する法律（令和3年法律第81号）より

（保育所の設置者等の責務）

第六条　（略）

　　2　放課後児童健全育成事業（児童福祉法第六条の三第二項に規定する放課後児童健全育成事業をいう。以下この項及び第九条第三項において同じ。）を行う者は、基本理念にのっとり、当該放課後児童健全育成事業を利用している医療的ケア児に対し、適切な支援を行う責務を有する。

障害者の権利に関する条約（平成26年条約第1号）より

第7条　障害のある児童

　　1　締約国は、障害のある児童が他の児童との平等を基礎として全ての人権及び基本的自由を完全に享有することを確保するための全ての必要な措置をとる。

　　2　障害のある児童に関する全ての措置をとるに当たっては、児童の最善の利益が主として考慮されるものとする。

　　3　締約国は、障害のある児童が、自己に影響を及ぼす全ての事項について自由に自己の意見を表明する権利並びにこの権利を実現するための障害及び年齢に適した支援を提供される権利を有することを確保する。この場合において、障害のある児童の意見は、他の児童との平等を基礎として、その児童の年齢及び成熟度に従って相応に考慮されるものとする。

　　（略）

第3章　放課後児童クラブにおける育成支援の内容

> 第19条　自立した生活及び地域社会への包容
>
> 　この条約の締約国は、全ての障害者が他の者と平等の選択の機会を
> もって地域社会で生活する平等の権利を有することを認めるものと
> し、障害者が、この権利を完全に享受し、並びに地域社会に完全に包
> 容され、及び参加することを容易にするための効果的かつ適当な措置
> をとる。この措置には、次のことを確保することによるものを含む。
> （略）

◇　**障害のあるこどもの利用機会確保のための適切な配慮及び環境整備**

　障害のあるこどもが放課後児童クラブを利用する機会を確保するために
は、「適切な配慮及び環境整備」を行うことが必要です。具体的には、障害
のあるこどもが放課後児童クラブを利用できることについての周知（利用機
会の周知）や、障害のあるこども個々の状況に応じた施設設備や育成支援の
内容についての工夫、職員体制に関する配慮等があります。

　利用機会の周知に際しては、放課後児童クラブにおける受入れ体制や利用
方法等について、適切に情報を発信することが望まれます。例えば、利用案
内は、障害のあるこどもの受入れに関する項目を設けた上で、市町村の広報
誌やホームページ等で発信する、市町村内のすべての保育所、認定こども園、
幼稚園等、児童発達支援等の障害児通所支援事業所や障害児相談支援事業所
等に利用案内や申請書類を送付するなどして周知を図る取組が考えられま
す。また、こどもや保護者が、放課後児童クラブと放課後等デイサービスの
併行利用や、保育所等訪問支援の利用等を希望することも考えられることか
ら、自治体においては、放課後児童クラブ担当と障害児支援担当の部署情報
共有や連携が期待されています。

　施設設備や育成支援の内容、職員体制等の環境の整備については、各放課
後児童クラブの実態を踏まえながら、障害のあるこどもの障害の特性に応じ
た適切な環境を整え、生活する上で必要な対応を考えていくことが求められ
ます。なお、慢性疾患を有するこども、医療的ケアが必要なこども等の育成

支援を行う場合には、看護師等を配置するほか、かかりつけ医師及び看護師、関係機関、保護者との連携を密にし、状態の変化や活動に当たり配慮すべき事項等について共通理解を持ち、必要な医療的ケアが行われるよう配慮することが必要です。また、看護師等の配置のみならず、職員が喀痰吸引等を実施するための研修を受講することにより、医療的ケア児を受入れる体制づくりをしていくことも考えられます。

　なお、障害を理由とする差別の解消の推進に関する法律（平成25年法律第65号。以下「障害者差別解消法」という。）では、障害を理由とする差別の解消に関する基本的な事項や、国の行政機関、地方公共団体、民間事業者等における障害を理由とする差別を解消するための措置等について定められており、放課後児童クラブにおいても法の趣旨に沿った措置が求められます。また、障害者差別解消法第8条では、「事業者は、その事業を行うに当たり、障害者から現に社会的障壁 [13] の除去を必要としている旨の意思の表明があった場合において、その実施に伴う負担が過重でないときは、障害者の権利利益を侵害することとならないよう、当該障害者の性別、年齢及び障害の状態に応じて、社会的障壁の除去の実施について必要かつ合理的な配慮をしなければならない」とされています。この合理的配慮を行わないことで、障害者の権利利益が侵害される場合には、差別に当たるとされています。合理的配慮については、「障害者差別解消法　福祉事業者向けガイドライン　〜福祉分野における事業所が講ずべき障害を理由とする差別を解消するための措置に関する対応指針〜」（令和6年3月　厚生労働大臣決定）を参照することができます。

13　障害者にとって、日常生活や社会生活を送る上で障壁となるような、社会における事物（通行、利用しにくい施設、設備等）、制度（利用しにくい制度等）、慣行（障害のある方の存在を意識していない慣習、文化等）、観念（障害のある方への偏見等）その他一切のもの。

〈関連法令・通知等〉

障害を理由とする差別の解消の推進に関する法律（平成25年法律第65号）より

（目的）

第1条 この法律は、障害者基本法（昭和45年法律第84号）の基本的な理念にのっとり、全ての障害者が、障害者でない者と等しく、基本的人権を享有する個人としてその尊厳が重んじられ、その尊厳にふさわしい生活を保障される権利を有することを踏まえ、障害を理由とする差別の解消の推進に関する基本的な事項、行政機関等及び事業者における障害を理由とする差別を解消するための措置等を定めることにより、障害を理由とする差別の解消を推進し、もって全ての国民が、障害の有無によって分け隔てられることなく、相互に人格と個性を尊重し合いながら共生する社会の実現に資することを目的とする。

（略）

（事業者における障害を理由とする差別の禁止）

第8条 事業者は、その事業を行うに当たり、障害を理由として障害者でない者と不当な差別的取扱いをすることにより、障害者の権利利益を侵害してはならない。

② 事業者は、その事業を行うに当たり、障害者から現に社会的障壁の除去を必要としている旨の意思の表明があった場合において、その実施に伴う負担が過重でないときは、障害者の権利利益を侵害することとならないよう、当該障害者の性別、年齢及び障害の状態に応じて、社会的障壁の除去の実施について必要かつ合理的な配慮をしなければならない。

（略）

○ 放課後児童クラブによっては、新たな環境整備が必要となる場合なども考えられるため、受入れの判断については、こども本人及び保護者の立場に立ち、公平性を保って行われるように判断の基準や手続等を定めることが求められる。

○ 障害のあるこどもの受入れに当たっては、こどもや保護者と面談の機会を持つなどして、こどもの健康状態、発達の状況、家庭の状況、こどもや保護者の意向等を個別に把握する。また、児童発達支援や保育所等の利用経験がある場合は、利用時の状況を把握する等し、切れ目のない支援を行うことが求められる。

　障害のあるこどもの受入れに当たっては、障害の状態と受入れ体制や環境を見極め、そのこどもの最善の利益を考慮して公平性を保って判断や合理的配慮の内容を検討することが必要になります。

　市町村は、こども本人及び保護者の立場に立ち、公平性を保って受入れや合理的配慮の内容について判断をすることができるように、あらかじめ判断の基準や手続き等を明文化しておくとともに、審査会等を設けて、障害児相談支援事業所[14]の相談支援専門員等の専門家等も交えた合議の下で受入れについて検討し、決定することが望まれます。

　受入れや合理的配慮の内容の判断を適切に行うためには、まず、利用の申請があった障害のあるこどもの状況を正確に把握することが求められます。そのためには、こどもや保護者との面談、こどもの通っていた保育所・認定こども園・幼稚園等、児童発達支援、放課後等デイサービス事業所、障害児相談支援事業所、学校、医療機関等からの情報収集を行い、こどもの健康状態、発達の状況、家庭の状況、こどもや保護者の意向等を確認することなどが考えられます。また、切れ目のない一貫した支援を提供するために、これ

14　障害児相談支援事業所は、配置した相談支援専門員により、障害児の通所支援のために最も適切なサービスの組み合わせを検討し障害児支援利用計画案を作成するとともに、市町村の通所給付決定後に指定障害児通所支援事業者等との連絡調整を行い、障害児支援利用計画を作成する。また、通所支援の利用状況のモニタリングを実施する。（障害児相談支援事業所の連絡先等は、市町村に確認してください。）

ら機関等との情報連携をもとに育成支援の内容を検討し、生活や遊びにおける環境面での配慮や支援の質の確保・充実を図ることも重要です。なお、それらの情報収集に当たっては、保護者に情報収集の意義・目的について説明の上、同意を得る必要があります。

○　地域社会における障害のあるこどもの放課後の生活が保障されるように、放課後等デイサービス等と連携及び協力を図る。その際、放課後等デイサービスと併行利用している場合には、放課後等デイサービス事業所と十分な連携を図り、協力できるような体制づくりを進めていくことが求められる。

○　こどもの状況の変化や、学校の卒業等により、放課後児童クラブから放課後等デイサービスに移行する際には、支援内容等について引継ぎを行う等、円滑な移行に向けて関係機関と連携を図ることが求められる。

　障害のあるこどもの地域における放課後の生活を支援するサービスとして、放課後等デイサービスがあります。これは、平成24年4月に児童福祉法に位置付けられたものであり、学校（幼稚園及び大学を除く。）又は専修学校及び各種学校に就学している障害のあるこどもにつき、授業の終了後又は休業日に児童発達支援センター[15]その他の内閣府令で定める施設に通わせ、生活能力の向上のために必要な支援、社会との交流の促進その他の便宜を供与するサービスとされています[16]。

　同サービスについても、同じ地域のこどもに関わる施設として、連携を図ることが望まれます。特に、家庭の判断の下、放課後児童クラブとの併行利用を行っている場合には、こどもの生活の連続性を保障する観点から、保護者の同意を得た上で放課後等デイサービス事業所と情報交換を行い、連携及び協力ができるような関係をつくることが求められます。また、こどもの状

15　児童発達支援センターは、児童発達支援を行う事業所のうち、日常生活における基本的な動作の指導、知識技能の付与、集団生活への適応訓練等の児童発達支援に加え、保育所等訪問支援や障害児相談支援等の地域支援を行うものをいう。

16　児童福祉法第6条の2の2第4項

況の変化や、学校の卒業等に伴い、放課後児童クラブから放課後等デイサービスに移行する際には、円滑な移行に向けて連携を図ることが求められます。その際には、こどもや保護者の同意を得た上で、障害児相談支援事業所等の関係機関とも連携しながら、こども本人の発達の状況や放課後児童クラブで行ってきた支援内容について情報を共有しながら相互理解を図りながら、円滑に支援が引き継がれるようにすることが求められます。また、放課後等デイサービスから放課後児童クラブへの移行についても、関係機関と連携し、適切な対応が求められます。

　なお、障害児支援の基本理念や放課後等デイサービスにおける支援の内容等に係る基本的事項を定めた「放課後等デイサービスガイドライン」（令和6年7月改訂）では、放課後児童クラブと放課後等デイサービスを併行して利用する場合の連携の必要性や、放課後等デイサービスが地域の放課後児童クラブと連携し、こども同士の交流を図っていくことも期待されており、放課後等デイサービスとの連携に当たっては、当該ガイドラインも参考にすることが望まれます。

〈参考情報〉
「放課後等デイサービスガイドライン」（令和6年7月）より

4．放課後児童クラブや児童館等との連携
　○　こどもが放課後等デイサービス事業所から放課後児童クラブ等に移行する際には、こどもの状況や意向を丁寧に把握した上で、円滑な移行に向けて連携を図る必要がある。その際、こどもの発達支援の連続性を図るため、保護者の同意を得た上で、放課後等デイサービス計画等を含め、こども本人の発達の状況や障害の特性、事業所で行ってきた支援内容等について情報を共有しながら相互理解を図り、円滑に支援が引き継がれるようにするとともに、移行後のフォローアップを行うことが必要である。

また、この際は、引継ぎを中心とした会議において、障害児相談支援事業所と連携することが重要である。さらに、放課後児童クラブ等の職員が障害のあるこどもへの対応に不安を抱える場合等については、保育所等訪問支援や地域障害児支援体制強化事業、障害児等療育支援事業等の積極的な活用を勧めることにより、適切な支援につなげていくことが重要である。

　なお、こどもが放課後児童クラブ等から放課後等デイサービス事業所に移行する際も同様に、円滑に支援が引き継がれるよう、連携を図ることが必要である。

○　こどもが放課後等デイサービスと放課後児童クラブ等の併行利用をしている場合は、当該放課後児童クラブ等と支援内容等を共有するなど連携して支援に当たるとともに、必要に応じて当該放課後児童クラブ等における障害のあるこどもへの支援をバックアップしていくことが重要である。

○　障害のあるこどもが、地域の中で様々な遊びや体験の機会等を通じて、可能な限り地域の他のこどもと共に過ごす機会を得られるよう、地域の放課後児童クラブや放課後子供教室、児童館等と連携し、そこで過ごす他のこどもとの交流を図ることや、他のこどもと共に参加できるような活動を企画することが期待される。

（2）障害のあるこどもの育成支援に当たっての留意点

○　障害のあるこどもが、放課後児童クラブでのこども達との生活を通して共に成長できるように、見通しを持って計画的な育成支援を行う。

　児童期に必要な豊かな放課後の時間を保障するためには、障害のあるこどもが安全に安心して放課後の時間を過ごし、放課後児童クラブでのこども達との生活を通して共に成長できるようにすることが大切です。そのためには、こどもの特性に応じた援助や環境整備を心掛け、丁寧な育成支援を行う

ことが望まれます。

　障害のあるこどもの育成支援を計画的に行うためには、保護者と連携を図ることが必要です。保護者との連携については、放課後児童クラブが家庭とこどもの状況を伝え合うとともに、保護者の思いを理解することに努め、信頼関係に基づき共に協力して育成支援を進めていけるようにしていくことが必要です。

　障害のあるこどもの育成支援を計画的に行っていくためには、学校において作成される個別の教育支援計画（関係機関等の連携の下に行う個別の長期的な支援に関する計画）や個別の指導計画を参考にすること、また、障害のあるこどもが放課後等デイサービスや障害福祉サービスを利用している場合には、障害児相談支援事業所において作成される障害児支援利用計画や、放課後等デイサービス事業所等において作成される個別支援計画を参考にしながら、保護者、学校や障害児通所支援事業所と連携し、保護者の同意の下で、育成支援の方向性を考えていくことが求められます。

　その上で、障害のあるこどもについての個別の育成支援の内容や配慮、見通しを立てるため、放課後児童クラブ全体としての活動計画との整合性を図りながら、個別の支援計画を作成し、職員が共通理解を図りながら育成支援を進めていくことも考えられます。なお、平成28年8月に一部改正された発達障害者支援法（平成16年法律第167号）では、国や地方自治体は、発達障害児一人ひとりが年齢、能力、特性を踏まえた十分な教育を受けられるよう、個別の教育支援計画や個別の指導に関する計画の作成、いじめの防止等のための対策を推進するとともに、関係機関間で連携を図り発達障害児の支援に資する情報の共有を促進するために必要な措置を講ずるものとされており、放課後児童クラブにおいてもこの趣旨を踏まえた取組が求められます。

第3章　放課後児童クラブにおける育成支援の内容

〈関連法令・通知等〉

発達障害者支援法（平成16年法律第167号）より

（保育）
第7条　市町村は、児童福祉法（昭和22年法律第164号）第24条第1項の
　　　規定により保育所における保育を行う場合又は同条第2項の規定によ
　　　る必要な保育を確保するための措置を講じる場合は、発達障害児の健
　　　全な発達が他の児童と共に生活することを通じて図られるよう適切な
　　　配慮をするものとする。

（教育）
第8条　国及び地方公共団体は、発達障害児(18歳以上の発達障害者であっ
　　　て高等学校、中等教育学校及び特別支援学校並びに専修学校の高等課
　　　程に在学する者を含む。以下この項において同じ。）が、その年齢及
　　　び能力に応じ、かつ、その特性を踏まえた十分な教育を受けられるよ
　　　うにするため、可能な限り発達障害児が発達障害児でない児童と共に
　　　教育を受けられるよう配慮しつつ、適切な教育的支援を行うこと、個
　　　別の教育支援計画の作成（教育に関する業務を行う関係機関と医療、
　　　保健、福祉、労働等に関する業務を行う関係機関及び民間団体との連
　　　携の下に行う個別の長期的な支援に関する計画の作成をいう。）及び
　　　個別の指導に関する計画の作成の推進、いじめの防止等のための対策
　　　の推進その他の支援体制の整備を行うことその他必要な措置を講じる
　　　ものとする。
　2　大学及び高等専門学校は、個々の発達障害者の特性に応じ、適切な
　　　教育上の配慮をするものとする。

（放課後児童健全育成事業の利用）
第9条　市町村は、放課後児童健全育成事業について、発達障害児の利用
　　　の機会の確保を図るため、適切な配慮をするものとする。

（情報の共有の促進）

第9条の2　国及び地方公共団体は、個人情報の保護に十分配慮しつつ、福祉及び教育に関する業務を行う関係機関及び民間団体が医療、保健、労働等に関する業務を行う関係機関及び民間団体と連携を図りつつ行う発達障害者の支援に資する情報の共有を促進するため必要な措置を講じるものとする。

○　継続的な育成支援を行うために、障害のあるこども一人ひとりについて放課後児童クラブでの状況や育成支援の内容を記録する。

　障害のあるこどもの育成支援に当たっては、一人ひとりのこどもの状況や育成支援の内容を記録することが必要です。記録することで、こどもの何気ない様子からもこどもの感情や特性に気付くことができ、放課後児童支援員等が自身の関わりについて見直すことにもつながります。

　記録した内容は、放課後児童支援員等の間で共有し、その後の育成支援の方向性や内容の検討に生かします。障害のあるこどもについての個別支援計画を作成する場合は、育成支援の記録が基盤となり、計画の振り返りや見直しにも役立ちます。

　また、学校や障害児相談支援事業所、放課後等デイサービス事業所等との連携に際しても、記録を基に情報共有をすることで、より正確な情報に基づくこどもの状況の共有と連携が可能となります。なお、これらの連携に際しては、保護者から他機関と情報を共有することについて同意を得るとともに、守秘義務や個人情報に留意する必要があります。

○　障害のあるこどもの育成支援についての事例検討を行い、研修等を通じて、障害のあるこどもへの理解を深める。

　障害のあるこどもの育成支援について事例検討する機会を持ち、その中での気付きを共有することにより、こどもについての理解を深め、育成支援の

内容の向上に生かすことができます。

　また、放課後児童支援員等は、様々な学習の機会を活用して障害のあるこどもの特性や支援のあり方についての専門的な知識や技術を学ぶよう努力するとともに、放課後児童クラブ内で研修会を開催するなどの取組を通じて、障害のあるこどもへの育成支援について理解を深めることが求められます。

○　市町村（特別区を含む。以下同じ。）や放課後児童クラブの運営主体は、障害のあるこどもの特性を踏まえた育成支援の向上のために、放課後児童クラブと地域の障害児を支援する専門機関等が連携して、相談できる体制をつくる。その際、保育所等訪問支援、児童発達支援センターや巡回支援専門員によるスーパーバイズ・コンサルテーション（後方支援）の活用等も検討する。

　障害のあるこどもの育成支援の内容を向上させるためには、定期的あるいは必要に応じて、地域において障害のあるこどもを支援する児童発達支援センターや放課後等デイサービス事業所等に相談すること、障害児支援の専門家の後方支援を利用するなどして、参考となる援助の方法を学ぶ機会をつくることが望まれます。

　また、放課後等デイサービス等を利用している場合には、保護者の意向に配慮しながら、障害児相談支援事業所や放課後等デイサービス等と連携、協力し、個別支援計画の内容を検討するなど、育成支援のあり方を考えていくことが大切です。

　障害児支援においては、地域において障害児支援の中核的役割を担う児童発達支援センター等を中心とした地域の支援体制の整備を進めているところであり、児童発達支援センターには、地域のインクルージョン推進の中核機能や、地域の事業所へのスーパーバイズやコンサルテーションを行う機能が求められています。そのため、専門スタッフが放課後児童クラブを訪問・指導を行ったり研修・事例検討会を開催する機会として、保育所等訪問支援[17]、

17　児童福祉法第6条の2の2第5項

児童発達支援センターや巡回支援専門員等によるスーパーバイズ・コンサルテーション（後方支援）の活用も考慮することも望まれます。保育所等訪問支援は、保護者の申請に基づき、専門的な知識と経験のある訪問支援員が放課後児童クラブを定期的に訪問し、障害のあるこどもに対して直接的な支援のほか、放課後児童支援員等への支援も行うこともできます。

　なお、これらの連携に際しては、保護者から他機関と情報を共有することについて同意を得るとともに、守秘義務や個人情報に留意する必要があります。

○　放課後児童クラブの運営主体は、市町村と連携して、障害のあるこどもの支援に当たる職員のスーパービジョンや職員のケアのための人材確保や研修等を実施する。

　障害のあるこどもの受入れに当たっては、保護者の就労支援や、包容・参加（インクルージョン）の観点から、多様な障害特性や医療的ケアの内容への対応が求められるようになっています。一方で、育成支援の理念等を理解しつつ、障害特性や支援に関する専門的知識・技術を持つ職員を確保することは、容易ではありませんし、日々の育成支援の場面では、適切な支援内容・対応方法がわからなかったり迷いが生じて、放課後児童支援員等が悩んだり負担感を抱く場合もあるでしょう。

　こうした日常の実践を支えるために、放課後児童クラブの運営主体には、障害のあるこどもの支援に当たる職員のスーパービジョンの仕組みを取り入れることが望まれます。また、職員のケアのために加配のための人材確保や研修実施等による知識習得機会の提供も期待されます。これらの対応に当たっては、市町村と連携することによって、円滑に進むことが考えられます。

○　障害のあるこどもの育成支援が適切に図られるように、個々のこどもの状況に応じて環境に配慮するとともに、職員配置、施設や設備の改善等についても工夫する。

　障害のあるこどもの受入れに当たっては、個々のこどもの状況に応じて環

境を工夫し、職員配置、施設や設備の改善等を行うことが望まれます。育成
支援を行うに当たっては、障害を理由として不当な差別的対応をすることな
ど、障害のあるこどもの権利利益を侵害することがないようにする必要があ
ります。

　放課後児童クラブでの活動の場面がわかりやすくなるように空間を工夫す
る、生活時間の区分や始まりと終わりをわかりやすく工夫する、全体での活
動を見守りながらも必要に応じて個別の対応ができるよう職員を配置するな
ど、障害の種別や程度、特性に応じた育成支援の場面での対応の工夫が求め
られます。

> ○　「障害者虐待の防止、障害者の養護者に対する支援等に関する法律」
> 　（平成23年法律第79号）の理念に基づいて、障害のあるこどもへの虐
> 　待の防止に努めるとともに、防止に向けての措置を講ずる。

　放課後児童クラブは、こどもの最善の利益を尊重して育成支援を行う必要
があります。そのためには、障害のあるこどもの特性について正しく理解し、
常にこどもの人権に十分配慮しながら支援を行うことが必要です。障害児を
含む障害者への虐待防止については、児童福祉法第33条の10、基準第12条、
及び障害者虐待の防止、障害者の養護者に対する支援等に関する法律（平成
23年法律第79号。以下「障害者虐待防止法」という。）において定められて
います。障害者虐待防止法では、障害者に対する虐待の禁止のほか、障害者
虐待の予防及び早期発見、養護者に対する支援等に関することが示されてい
ます。特に同法第30条では、保育所、認定こども園等が障害者虐待防止のた
めに講ずるべき必要な措置の内容が定められており、放課後児童クラブにお
いてもこれに準じた措置を講じる必要があります。

　放課後児童クラブにおける障害のあるこどもの対応に当たって、こどもの
権利や虐待とみなされる行為の防止について職員間で共有する研修等を実施
し、こどもの権利擁護についての意識を共有するほか、その理念を学び、遵
守する必要があります。

〈**関連法令・通知等**〉

障害者虐待の防止、障害者の養護者に対する支援等に関する法律（平成23年法律第79号）より

（保育所等に通う障害者に対する虐待の防止等）

第30条　保育所等（略）の長は、保育所等の職員その他の関係者に対する障害及び障害者に関する理解を深めるための研修の実施及び普及啓発、保育所等に通う障害者に対する虐待に関する相談に係る体制の整備、保育所等に通う障害者に対する虐待に対処するための措置その他の当該保育所等に通う障害者に対する虐待を防止するため必要な措置を講ずるものとする。

第3章　放課後児童クラブにおける育成支援の内容

3．特に配慮を必要とするこどもへの対応

（1）児童虐待への対応

> ○　放課後児童支援員等は、児童虐待の防止等に関する法律（平成12年
> 法律第82号）に基づき児童虐待の早期発見の努力義務が課されている
> ことを踏まえ、こどもの状態や家庭の状況の把握により、保護者に不適
> 切な養育等が疑われる場合には、市町村や関係機関と連携し、児童福祉
> 法第25条の2第1項に規定する要保護児童対策地域協議会で協議する
> など、適切に対応することが求められる。
>
> ○　児童虐待が疑われる場合には、放課後児童支援員等は各自の判断だけ
> で対応することは避け、放課後児童クラブの運営主体の責任者と協議の
> 上で、市町村又は児童相談所に速やかに通告し、関係機関と連携して放
> 課後児童クラブとして適切な対応を図らなければならない。

◇　児童虐待の早期発見と通告

　放課後児童クラブは、学校や地域の様々な社会資源との連携を図りなが
ら、保護者と連携して育成支援を行うとともに、その家庭の子育てを支援す
る役割を担っており、その取組は児童虐待の発生予防、早期発見・早期対応
にもつながるものと考えられます。

　また、児童虐待防止法第5条では、「学校、児童福祉施設、病院（略）そ
の他児童の福祉に業務上関係のある団体及び学校の教職員、児童福祉施設の
職員、医師（略）その他児童の福祉に職務上関係のある者は、児童虐待を発
見しやすい立場にあることを自覚し、児童虐待の早期発見に努めなければな
らない」とされ、更に同法第6条では、「児童虐待を受けたと思われる児童
を発見した者は、速やかに、これを市町村、都道府県の設置する福祉事務所
若しくは児童相談所又は児童委員を介して市町村、都道府県の設置する福祉
事務所若しくは児童相談所に通告しなければならない」と定められていま
す。したがって、放課後児童クラブについても、この児童虐待の早期発見の

113

努力義務と通告義務が適用されます。児童虐待の相談は市町村が第一次的な窓口となりますが、児童相談所に直接通告することも可能です。

なお、児童虐待防止法第6条第3項では、この通告に当たって児童虐待が疑われるこどもの個人情報を児童相談所等に伝えることは、秘密漏えいや守秘義務違反に当たらないとされています。

◇　児童虐待の早期発見に向けた取組

児童虐待を早期に発見するためには、日常の様々な場面において、こどもの心身の状態（あざや傷、言動の特徴、服装等）に留意するとともに、直接保護者に会う時（こどもの迎えの際等）の気付きも重要です。

児童虐待が疑われる状況に気付いた場合、放課後児童支援員等は、運営主体の責任者と協議し、速やかにその内容を市町村又は児童相談所に通告する必要があります。また、職員会議等で情報を共有し、保護者に対応するに当たっての放課後児童クラブ内の対応方針を確認します。

また、児童虐待を発見した後の市町村等への通告の手順や、緊急性があると思われる場合の対応と手順についてもあらかじめ定めておくことが望まれます。

〈関連法令・通知等〉

児童虐待の防止等に関する法律（平成12年法律第82号）より

（児童虐待の定義）

第2条　この法律において、「児童虐待」とは、保護者（親権を行う者、未成年後見人その他の者で、児童を現に監護するものをいう。以下同じ。）がその監護する児童（十八歳に満たない者をいう。以下同じ。）について行う次に掲げる行為をいう。

　1　児童の身体に外傷が生じ、又は生じるおそれのある暴行を加えること。

2　児童にわいせつな行為をすること又は児童をしてわいせつな行為を
　させること。

3　児童の心身の正常な発達を妨げるような著しい減食又は長時間の放
　置、保護者以外の同居人による前2号又は次号に掲げる行為と同様の
　行為の放置その他の保護者としての監護を著しく怠ること。

4　児童に対する著しい暴言又は著しく拒絶的な対応、児童が同居する
　家庭における配偶者に対する暴力（配偶者（婚姻の届出をしていない
　が、事実上婚姻関係と同様の事情にある者を含む。）の身体に対する
　不法な攻撃であって生命又は身体に危害を及ぼすもの及びこれに準ず
　る心身に有害な影響を及ぼす言動をいう。（略））その他の児童に著し
　い心理的外傷を与える言動を行うこと。

（児童虐待の早期発見等）

第5条　学校、児童福祉施設、病院、都道府県警察、婦人相談所、教育委
　員会、配偶者暴力相談支援センターその他児童の福祉に業務上関係の
　ある団体及び学校の教職員、児童福祉施設の職員、医師、歯科医師、
　保健師、助産師、看護師、弁護士、警察官、婦人相談員その他児童の
　福祉に職務上関係のある者は、児童虐待を発見しやすい立場にあるこ
　とを自覚し、児童虐待の早期発見に努めなければならない。

　②　前項に規定する者は、児童虐待の予防その他の児童虐待の防止並び
　　に児童虐待を受けた児童の保護及び自立の支援に関する国及び地方公
　　共団体の施策に協力するよう努めなければならない。

　　（略）

　⑤　学校及び児童福祉施設は、児童及び保護者に対して、児童虐待の防
　　止のための教育又は啓発に努めなければならない。

（児童虐待に係る通告）

第6条　児童虐待を受けたと思われる児童を発見した者は、速やかに、こ
　れを市町村、都道府県の設置する福祉事務所若しくは児童相談所又は
　児童委員を介して市町村、都道府県の設置する福祉事務所若しくは児

童相談所に通告しなければならない。

② 前項の規定による通告は、児童福祉法第25条第1項の規定による通告とみなして、同法の規定を適用する。

③ 刑法（明治40年法律第45号）の秘密漏示罪の規定その他の守秘義務に関する法律の規定は、第1項の規定による通告をする義務の遵守を妨げるものと解釈してはならない。

◇ 放課後児童クラブにおける児童虐待ケースへの対応

　児童虐待が疑われるこどもについての市町村や児童相談所等による安全確認や調査には、放課後児童クラブとしても協力し、関係機関とも密接な連携を図る必要があります。その際、こどもや保護者が話したことや観察事項等の事実経過の記録は、その後の児童相談所の決定や家庭裁判所の審判の際の重要な資料となり得るため、記録・保管に努めることが必要です。なお、事実関係については詳細に記録するとともに、事実と感想・考察とを分けて記述することが必要です。

　児童虐待への対応は、各市町村に設置され、こどもに関わる医療・保健・福祉・教育・警察等の関係機関により構成される要保護児童対策地域協議会において協議されます。ここで個別の事例検討会（個別ケース検討会議）が開催される場合には、市町村（こども家庭センター等）と相談の上、可能な限り放課後児童支援員等も参加することが望まれます。実際の支援の場面においては、要保護児童対策地域協議会において放課後児童クラブの役割とされた事項を果たすための体制の整備に取り組むことが求められます。また、こどもや保護者の様子に変化があった場合には、運営主体が市町村の要保護児童対策地域協議会の調整機関に必ず報告します。

　なお、市町村によっては、放課後児童クラブが要保護児童対策地域協議会の構成員となっていないところがありますが、放課後児童クラブも可能な限り参画し、関係機関と連携、協力できる体制を構築しておくことが望まれます。

また、放課後児童クラブでは保護者と交流する機会が多いため、保護者の様子等から配偶者等に対する暴力（いわゆる「ドメスティック・バイオレンス」。以下「ＤＶ」という。）の疑いがあることに気付く場合も考えられます。児童虐待防止法第２条の規定に基づき、こどもの目の前でＤＶが行われることは、児童虐待に当たるものとされています。放課後児童支援員等は、そのような状況に気付いた場合にもこどもの人権や尊厳を守る立場から、適切な対応を図る必要があります。

　ＤＶの疑いがあることに気付いた場合の対応や、ＤＶ被害者のこどもへの対応に際しての放課後児童クラブの役割は、他の児童虐待における場合と同様です。なお、被害者への接近禁止命令等の保護命令が出ている場合には、ＤＶ被害者である保護者や関係機関等と密接に連絡をとり、こどもの来所・帰宅時の安全確保にも一層配慮する必要があります。

〈関連法令・通知等〉

児童福祉法（昭和22年法律第164号）より

第25条の２　地方公共団体は、単独で又は共同して、要保護児童（第31条第４項に規定する延長者及び第33条第10項に規定する保護延長者（次項において「延長者等」という。）を含む。次項において同じ。）の適切な保護又は要支援児童若しくは特定妊婦への適切な支援を図るため、関係機関、関係団体及び児童の福祉に関連する職務に従事する者その他の関係者（以下「関係機関等」という。）により構成される要保護児童対策地域協議会（以下「協議会」という。）を置くように努めなければならない。

②　協議会は、要保護児童若しくは要支援児童及びその保護者（延長者等の親権を行う者、未成年後見人その他の者で、延長者等を現に監護する者を含む。）又は特定妊婦（以下この項及び第５項において「支援対象児童等」という。）に関する情報その他要保護児童の適切な保

護又は要支援児童若しくは特定妊婦への適切な支援を図るために必要な情報の交換を行うとともに、支援対象児童等に対する支援の内容に関する協議を行うものとする。

③　地方公共団体の長は、協議会を設置したときは、内閣府令で定めるところにより、その旨を公示しなければならない。

④　協議会を設置した地方公共団体の長は、協議会を構成する関係機関等のうちから、一に限り要保護児童対策調整機関を指定する。

⑤　要保護児童対策調整機関は、協議会に関する事務を総括するとともに、支援対象児童等に対する支援が適切に実施されるよう、内閣府令で定めるところにより、支援対象児童等に対する支援の実施状況を的確に把握し、必要に応じて、児童相談所、養育支援訪問事業を行う者、こども家庭センターその他の関係機関等との連絡調整を行うものとする。

⑥　市町村の設置した協議会（市町村が地方公共団体（市町村を除く。）と共同して設置したものを含む。）に係る要保護児童対策調整機関は、内閣府令で定めるところにより、専門的な知識及び技術に基づき前項の業務に係る事務を適切に行うことができる者として内閣府令で定めるもの（次項及び第八項において「調整担当者」という。）を置くものとする。

⑦　地方公共団体（市町村を除く。）の設置した協議会（当該地方公共団体が市町村と共同して設置したものを除く。）に係る要保護児童対策調整機関は、内閣府令で定めるところにより、調整担当者を置くように努めなければならない。

⑧　要保護児童対策調整機関に置かれた調整担当者は、内閣総理大臣が定める基準に適合する研修を受けなければならない。

第3章　放課後児童クラブにおける育成支援の内容

（2）特別の支援を必要とするこどもへの対応

○　放課後児童支援員等は、こどもの家庭環境についても配慮し、家庭での養育について特別の支援が必要な状況を把握した場合には、こどもと保護者の安定した関係の維持に留意しつつ、市町村や関係機関と連携して適切な支援につなげるように努める。

○　放課後児童クラブでの生活に特に配慮を必要とするこどもの支援に当たっては、保護者、市町村、関係機関と情報交換を行い、連携して適切な育成支援に努める。

◇　家庭での養育について特別の支援を必要とする状況とは

　放課後児童クラブでは、日頃からこどもの心身の状態や突然の変化に気を配り、家庭での養育について特別の支援が必要な状況を早期に捉え、適切な支援につなげるよう努めることが望まれます。

　家庭での養育について特別の支援を必要とする状況には、生活の困窮、保護者の病気や障害等による養育困難、ひとり親家庭等で育児と就労の両立が困難な家庭、ＤＶ等の問題がある家庭等、様々な理由が考えられます。そして、その中には、「こどもの貧困」が含まれている場合もあります。このような課題は周囲からは見えにくい場合も多くありますので、こどもが家に帰りたがらない、過度におなかを空かせているなどの様子にも目配りしながら、早期発見・早期把握に努める必要があります。

　また、特別の支援を必要とするこどもや家庭への対応は、必要に応じて市町村（こども家庭センター等）や専門的な機関につなぎ、市町村と連携して対応していくことが求められます。

◇　こどもや保護者への対応に当たっての基本姿勢と配慮事項

　支援を必要とするこどもや保護者への対応に当たっては、そのこどもや保護者の生活や抱える課題の厳しさを理解し、そのこどもと保護者の声にしっかりと耳を傾け、「聴く」「見守る」「看る（手を差し伸べつつ見ていくこと）」

「ちょっとした手助けをする」等をして、保護者やこどもの生活を継続して支える姿勢が大切です。

その際には、こどもと保護者の安定した関係の維持に留意することも望まれます。

また、育成支援を行っていく中で、放課後児童クラブでの生活の場面において特に配慮を必要とするこどもに気付く場合があります。このような場合には、そのこどもへの育成支援のあり方を振り返ると同時に、職員同士の気付きを共有して、丁寧にそのこどもの状態を検討して対応していくことが求められます。そのような状況は、障害、病気、貧困、児童虐待、いじめ等の個別の問題に起因していることも少なくありません。こどもに見られる課題の背景要因についても情報収集と考察を深めながら、保護者、市町村（こども家庭センター等）、関係機関等と連携して適切に対応を図っていくことが望まれます。

◇ **要支援児童等の早期把握と市町村への情報提供**

児童福祉法第21条の10の5第1項では、「要支援児童等と思われる者を把握したときは、当該者の情報をその現在地の市町村に提供するよう努めなければならない」とされています。これを踏まえ、市町村への情報提供に当たっての留意事項等に関して「要支援児童等（特定妊婦を含む）の情報提供に係る保健・医療・福祉・教育等の連携の一層の推進について」（平成28年12月16日雇児総発1216第2号・雇児母発1216第2号厚生労働省雇用均等・児童家庭局総務課長、母子保健課長通知）では、要支援児童等と判断するための目安として、その様子や状況例を具体的に示しつつ、放課後児童クラブにおいて、「要支援児童等と判断した場合は、必要な支援につなげるために、要支援児童等が居住する市町村に相談し、情報提供を行うこと」、「情報提供の際は、対象となる者に対し、原則として、情報提供の概要及び要支援児童等が居住する市町村による支援を受けることが、当該対象者の身体的・精神的負担を軽減し、養育の支援となり得ることを説明することが必要である」ことなど、市町村への情報提供に当たっての留意事項が示されています。

なお、児童福祉法第21条の10の５第２項では、上記の情報提供は、秘密漏えいや守秘義務違反に当たらないとされています。

〈関連法令・通知等〉

「要支援児童等（特定妊婦を含む）の情報提供に係る保健・医療・福祉・教育等の連携の一層の推進について」（平成28年12月16日雇児総発1216第２号雇児母発1216第２号・厚生労働省雇用均等・児童家庭局総務課長、母子保健課長通知。最終改正：平成30年７月20日）より

3　各個別分野の留意事項
（３）児童福祉施設等
　⑤　放課後児童クラブ
　　放課後児童クラブは、年齢や発達の状況が異なる子どもを同時にかつ継続的に育成支援をするため、放課後等に学校の空き教室等を利用して適切な遊び及び生活の場を与え、子どもの状況や発達段階を踏まえながら、その健全な育成を図る取組がされている。また、学校や地域の様々な社会資源との連携を図りながら、保護者と連携して育成支援を行うとともに、その家庭の子育てを支援する役割を担っており、その取組は、子ども虐待の発生予防、早期発見・早期対応にもつながるため、以下のことに留意して取り組むこと。
　ア　主に別表１及び別表３を参考に、要支援児童等と判断した場合は、必要な支援につなげるために、要支援児童等が居住する市町村に相談し、情報提供を行うこと。
　イ　情報提供の際は、対象となる者に対し、原則として、情報提供の概要及び要支援児童等が居住する市町村による支援を受けることが、当該対象者の身体的・精神的負担を軽減し、養育の支援となり得ることを説明することが必要である。
　ウ　なお、説明することが困難な場合においても、要支援児童等に必

要な支援がつながるよう、要支援児童等が居住する市町村への情報
提供に努めること。また、当該情報提供は、児童福祉法第21条の10
の5第1項の規定に基づくものであるため、同規定の趣旨に沿って
行われる限り、刑法の秘密漏示罪や守秘義務に関する法律の規定に
抵触するものではないことに留意されたい。

エ　情報提供を適切に行うためには、職員一人ひとりの子ども虐待の
早期発見・早期対応の意識の向上を図るとともに、放課後児童支援
員等の各自の判断のみで対応することなく、施設全体の共通認識の
下に、組織的に対応すること。

オ　市町村をはじめとする関係機関とも密接な連携を図ることが必要
であり、協議会との関係を深めるなど連携体制の構築に取り組むこ
と。特に、具体的な支援策を協議する個別ケース検討会議には、積
極的に参加し、関わりをもつこと。

（3）特に配慮を必要とするこどもへの対応に当たっての留意事項

○　特に配慮を必要とするこどもへの対応に当たっては、こどもの利益に
反しない限りにおいて、保護者やこどものプライバシーの保護、業務上
知り得た事柄の秘密保持に留意する。

○　インクルージョン（包容・参加）の観点から、社会的・文化的な困難
を抱えるこども等へ必要な配慮を行う。

◇　プライバシー保護と秘密保持

特に配慮を必要とするこどもへの対応に当たっては、プライバシーの保
護、秘密保持に関して、「第1章3．（4）放課後児童クラブの社会的責任⑥」
の解説に示した内容を守って行うことが必要です。

第3章　放課後児童クラブにおける育成支援の内容

◇　ソーシャルインクルージョン（社会的包摂）の視点

　昨今、こどもや家庭の置かれている状況や課題が一層多様化・複雑化しています。性別、国籍、社会的地位、経済的格差による等の事情から脆弱な立場に置かれているこどもの豊かな放課後の時間を保障するために、放課後児童クラブ及び放課後児童支援員等は、ソーシャルインクルージョンの視点に立って適切な対応を検討することが求められます。

　ソーシャルインクルージョンは、「社会的に弱い立場にある人々も誰一人取り残さず、すべての人が社会に参加し、共に生きていくという理念」といわれています。これを実践するためには、人権に対する職員全員の意識を高めるための継続的な学習はもちろんのこと、関係機関と連携し、すべての人の人権を保護・尊重するための環境づくり、人権侵害が起きた時にそれを救済する仕組みづくりを進めることが必要です。

　なお、基準第11条では「放課後児童健全育成事業者は、利用者の国籍、信条又は社会的身分によって、差別的取扱いをしてはならない」とされています。

4．保護者との連携

（1）保護者との連絡

○　こどもの出欠席についてあらかじめ保護者からの連絡を確認してお
く。

◇　**出欠席の事前確認の必要性**

放課後児童クラブでは、こどもや家庭の状況によってこどもの利用状況が
異なるため、こどもの出欠席について、保護者からの連絡をあらかじめ確認
しておく必要があります。

出欠席についてあらかじめ確認することで、こどもの放課後児童クラブで
の生活についての見通しを保護者と放課後児童クラブとが共有し、継続性を
持って育成支援に当たることが可能となります。また、こどもは学校から（学
校休業日は自宅から）こどもだけで放課後児童クラブに来所するので、放課
後児童クラブに来るまでの間で発生し得る事故やトラブルの防止や早期発見
のためにも、出欠席の事前確認は必要なことです。事前に確認しておくこと
で、こどもが放課後児童クラブを連絡なく欠席した場合に迅速に対応するこ
とができます。そして、そのことは、保護者が安心して子育てと仕事等を両
立できることにつながります。

出欠席の確認を徹底するためには、放課後児童クラブの利用を開始する前
に保護者に、こどもの出欠席を事前に確認すること、欠席や時間変更は基本
的に保護者から放課後児童クラブに連絡することについて説明し、理解を得
ておくことが必要です。その際、緊急時には保護者の職場等に連絡すること
もあり得ることや、連絡がとれない時の保護者以外の緊急連絡先についても
確認しておくことが求められます。

◇　**急な欠席の連絡について**

事前に予定されている場合以外の欠席の理由の中には、こどもが放課後児

第3章　放課後児童クラブにおける育成支援の内容

童クラブに行きたがらない、放課後児童クラブにおけるこども同士のトラブル等が含まれている場合もあります。保護者からこのような欠席の連絡を受けた際には、こどもや保護者から丁寧に事情を聞き、解決に向けて真摯に取り組むことが求められます。

○　放課後児童クラブにおけるこどもの遊びや生活の様子を日常的に保護者に伝え、こどもの状況について家庭と放課後児童クラブで情報を共有する。

　こどもの様子や育成支援の内容を、放課後児童クラブから保護者に連絡帳を活用するなどして日常的に伝えることは、保護者が安心して子育てと仕事等を両立できるように支援する上でとても大切です。

　保護者が放課後児童クラブでのこどもの様子を知ることは、育成支援の内容を理解する手助けになります。また、そのことによって、保護者が放課後児童支援員等にこどものことについて話しやすい関係が築かれ、こどもを見守る視点を家庭と放課後児童クラブとで補い合うことにもつながります。

○　保護者との連絡については、ＩＣＴの活用を視野に入れ、適切に対応すること。その他、連絡帳、保護者の迎えの際の直接の連絡、通信、保護者会、個人面談等の様々な方法を有効に活用する。

◇　ＩＣＴ（情報通信技術）の活用

　放課後児童クラブでは、個々の保護者にこどもの様子を日常的・継続的に伝える手段を用意し、適切に対応することが必要です。保護者との連絡事項としては、出欠席や健康状態といった基本的な事項の連絡のほか、放課後児童クラブにおける日々のこどもの生活の様子を伝える、家庭での様子を伝えてもらうなどがあります。日々のやりとりにおいては、保護者からの連絡の有無に関わらず、共にこどもの成長を考える観点から、継続的にこどもの様子を伝えていくことが重要です。

　保護者との連絡においては、ＩＣＴの活用により、保護者と放課後児童ク

ラブ双方の負担軽減や情報共有の円滑化を図ることができます。ＩＣＴ活用により、迎えに来られない保護者や迎えの際に話す時間を十分にとることのできない保護者にも、こどもの様子を伝え続けることができます。また、よりタイムリーかつ迅速に情報を届けることができるようになり、こどもの安全管理体制の強化にもつながります。放課後児童クラブにとっては、連絡内容の作成や印刷に要する時間や費用を削減できるという利点もあります。

　一方で、ＩＣＴの導入やこれを活用した連絡には一定のコストや知識を要するため、すべての保護者や放課後児童支援員等が即座に対応できるわけではありません。導入に当たっては、保護者や放課後児童クラブ職員に対して説明を行って理解を得るとともに、利用状況等についても確認し、必要に応じて助言等を行うなど、適切な対応が望まれます。

◇　その他の多様な連絡手段の活用方法・工夫

　一人ひとりのこどもの様子を保護者に伝える方法や機会は、ＩＣＴを活用した連絡のほか、連絡帳、保護者の迎えの際等の直接の連絡、個人面談等様々にあります。また、放課後児童クラブでのこどもの様子や育成支援に当たって必要な事項を定期的かつ同時に伝える方法や機会として、通信や保護者会等もあります。それぞれの方法の特徴を理解し、複数の方法や機会を組み合わせて保護者に必要な情報を伝えることが大切です。

　なお、連絡帳や通信（お便り等）の利用、保護者の迎えの際等の直接の連絡に当たっては、こどもも見たり聞いたりできるものであることを考慮して、こどもの気持ちや思いに配慮することが必要です。

〈コラム〉　　　　　　　　　保護者への連絡方法

　保護者への連絡については、複数の方法が考えられます。それぞれの連絡方法について、特徴や活用に当たっての留意点を整理しましたので参考にしてください。

連絡の方法と特徴、留意点等

一人ひとりのこどもの様子を保護者に伝える		
	連絡帳	・連絡帳はこども一人にそれぞれ用意し、こどもが放課後児童クラブに出席をする時は、必ず持参してもらうようにします。 ・連絡帳は、出欠席や健康状態の連絡等を保護者と放課後児童クラブの双方が記入することができます。そのため、放課後児童クラブにおける日々のこどもの様子を伝えることや、家庭での様子を伝えてもらうこと、相談事項がある時の連絡等も含め、保護者と放課後児童クラブが連絡をとり合うために幅広く活用することができます。 ・迎えに来られない保護者や迎えの際に話す時間の少ない保護者とも日常的・継続的に情報を交換することができます。 ・連絡帳はこどもも見ることができるものであるということを考慮して、記入に当たってはこどもの気持ちや思いに配慮することが必要です。 ・ケガやトラブル等については、連絡帳への記入と併せて、保護者と直接話をすることも必要です。 ・なお、ＩＣＴを活用して連絡帳と同様のやりとりをする場合にも、放課後児童クラブからの連絡を一方的に伝えるだけでなく、情報伝達が双方向となるような工夫が必要です。また、利用方法等について保護者や放課後児童クラブ職員に対して説明を行って理解を得ることも重要です。

保護者の迎えの際等の直接の連絡		・日々の保護者の迎えの際等には、その時のこどもの様子を保護者と直接話ができ、確実に伝えることができます。 ・迎えの際の直接の連絡を行う場合には、毎日継続的に話ができる保護者は限られてしまうことが多く、迎えの際に全員の保護者と話す時間がとれないことや、迎えに来られない保護者には連絡できないということに配慮する必要があります。
個人面談		・個々の家庭と、放課後児童クラブでのこどもの様子や育成支援の内容を伝え合うために定期的あるいは随時に個人面談を行います。 ・個人面談では、一定の時間、保護者と直接話ができるため、個別の家庭状況や保護者の気持ち等を聞き取ることができ、こども一人ひとりの理解を深めることにつながります。保護者が参加しやすい日程や時間帯を設定し、事前に希望を聞くなど調整するようにしましょう。 ・個人面談を実施する際には、あらかじめ放課後児童支援員等の間で、そのこどもの遊びや生活の情報を共有して臨むことが必要です。
放課後児童クラブでのこどもの様子や育成支援の内容を定期的かつ同時に伝える		
通信 （お便り等）		・通信を定期的に発行することによって、放課後児童クラブの育成支援の内容をすべての保護者に伝えることができます。 ・通信には、行事の予定や連絡事項、放課後児童クラブでのこどもの様子や生活の様子等を記載することができます。 ・こどもの具体的な生活の様子を記載する際には、個人情報の取扱い、こどもの人権に配慮した内容や表現等に考慮する必要があります。通信に個人名等を記載する場合には、事前に保護者の同意を得ておきましょう。

第3章　放課後児童クラブにおける育成支援の内容

保護者会	・放課後児童クラブ主催の下で、保護者へ育成支援の内容を伝える保護者会を定期的に開催します。 ・保護者会では、育成支援の計画や行事の予定、放課後児童クラブでのこどもの日常の様子を保護者に直接伝えることができます。 ・保護者同士が一緒に話をする機会を持つことで、保護者の交流の場にもなります。 ・保護者会は、全体会、学年別等内容を工夫しながら、保護者が参加しやすい日程、時間、頻度で開催するようにしましょう。

（2）保護者からの相談への対応

○　放課後児童支援員等は、育成支援を通じて保護者との信頼関係を築くことに努めるとともに、子育てのこと等について保護者が相談しやすい雰囲気づくりを心掛ける。

　放課後児童支援員等には、育成支援を通じてこどもが安心して過ごせるようにし、一人ひとりと集団全体の生活を豊かにすることが求められます。そして、こどもの様子を日常的に保護者に伝えて、保護者との信頼関係を築くように努めることが望まれます。また、連絡帳や迎えの際の会話等では、保護者の声に真摯に応えることを心掛けて、子育てのこと等について保護者が相談しやすい関係づくりに努めることが求められます。

○　保護者から相談がある場合には、保護者の気持ちを受け止め、相互の信頼関係を基本に保護者の自己決定を尊重して対応する。また、必要に応じて市町村や関係機関と連携する。

◇　相談への対応、助言等における留意点
　保護者から相談があった場合には、保護者の気持ちを受け止め、こどもと

129

保護者の安定した関係が維持できるように配慮しながら、理解や共感に基づいた説明や助言等を行うことが望まれます。そして、その中で保護者が納得でき、解決に至ることができるよう、自己決定を尊重して対応することが大切です。

なお、保護者からの相談への対応は、個人の情報が守られていることを前提として成り立つものであり、個人情報の保護、知り得た事柄の秘密保持に留意し、遵守することが必要です。

◇　市町村や関係機関との連携

保護者からの個別の相談への対応においては、必要に応じて市町村等の各種相談窓口や関係機関との連携が求められます。保護者からの相談の内容に応じて適切な支援につなぐことができるよう、日頃から市町村等の各種相談窓口や関係機関の役割や機能を十分に理解し、それらとの連携の可能性を常に考慮しておくことが望まれます。

（3）保護者及び保護者組織との連携

> ○　放課後児童クラブの活動を保護者に伝えて理解を得られるようにするとともに、保護者が活動や行事に参加する機会を設けるなどして、保護者との協力関係をつくる。

こどもの生活の連続性を保障し、育成支援の内容をより充実させるためには、保護者が放課後児童クラブの状況や活動について理解し、その運営に協力する関係を築くことが求められます。

放課後児童クラブは、育成支援の状況やこどもの様子について保護者に説明する機会を設け、理解を得られるように努力することが望まれます。具体的な取組としては、通信や保護者会等を利用して放課後児童クラブの様子を保護者に定期的に伝えるなどがあります。

また、保護者は、活動や行事に参加したりする中で、自分のこどもだけでなく、放課後児童クラブ全体のこどもの様子やその関わりを知ったり、放課

第3章　放課後児童クラブにおける育成支援の内容

後児童クラブについての理解をより深めたりすることができます。そのためには、保護者が放課後児童クラブの活動や行事に参加あるいは協力する機会を設けるなどの取組を行うことも望まれます。

　なお、保護者が放課後児童クラブの活動や行事、保護者会等へ参加することは、就労状況や家庭の状況等の理由によっては負担となる場合もあります。行事や活動の日程、時間、頻度については保護者の状況や意向に配慮して工夫することが求められます。

> ○　保護者組織と連携して、保護者が互いに協力して子育ての責任を果たせるように支援する。

　保護者同士が交流したり子育てについて協力したりできるようにすることも、放課後児童クラブに求められます。子育てを通じて交流し、協力し合うことができる保護者間の関係が築かれるように、放課後児童クラブが主催する保護者会や保護者が参加する活動や行事の機会を工夫するとともに、保護者組織が実施する活動についても積極的に支援し、連携していくことが望まれます。

5．育成支援に含まれる職務内容と運営に関わる業務

（1）育成支援に含まれる職務内容

放課後児童クラブにおける育成支援に係る職務内容には、次の事項が含まれる。

> ○　こどもが放課後児童クラブでの生活に見通しを持てるように、育成支援の目標や計画を作成し、保護者と共通の理解を得られるようにする。

育成支援の目標は、こどもが放課後児童クラブでの生活に見通しを持てるように、こどもの視点に立って作成することが大切です。

計画は、育成支援の目標に沿って、季節や学校の学期や長期休業等のこどもの生活の節目を意識しながら、年間を見通して作成します。そして、月ごとあるいは週ごと等の計画は、こどもの生活や遊び、こども同士の関わり等の状況に応じて柔軟に作成し、必要に応じて見直すことも望まれます。

これらの目標や計画は、放課後児童クラブを運営する上での基本的な考えとなるものであり、運営指針に示されている育成支援の基本に基づいて、こどもの実態、保護者の状況、地域の特性等を踏まえて作成することが必要です。

また、目標や計画は、年度の初めに保護者に伝え、理解を得るように努める必要があります。

〈参考情報〉　放課後児童クラブにおける１年間の生活の様子

育成支援の目標や計画は、こどもの生活の節目を意識しながら年間を見通して作成します。こどもの１年間の生活の中では、以下のような変化の節目が想定されます。

４月

➤新しい１年生を迎え、新年度がスタートします。入学、進級とこども達にとっては出会いの時期です。

➤入学式以降しばらくは、1年生だけで過ごす時間もあります。

5月

➤新たな仲間関係がつくられ、新年度の生活リズムが整ってくる反面、疲れも出てくる時期です。

6月

➤こども同士の関係が安定してくると同時に、遠慮がなくなり、揉めごとも生じる時期です。

➤梅雨時の過ごし方等にも工夫が必要になります。

7月～8月

➤夏休みの生活リズムに移行する時期です。夏休みならではの過ごし方、暑さ対策等の工夫も必要になります。

9月

➤長期の夏休みが終わり、生活リズムが大きく変わりますので、生活のリズムを整える必要があります。

➤夏の疲れが出やすい時期であり、体調管理にも気を配る必要があります。

10月～12月

➤放課後児童クラブの生活にも慣れ、遊びや仲間関係が充実します。

➤学校や地域の行事が多く開かれ、こどもは準備に忙しい時期です。また、放課後児童クラブでも季節行事等にこどもと共に取り組みやすい時期でもあります。

➤日照時間が短くなるにつれて、帰り道への配慮も必要になります。

12月～1月

➤年末年始を含む冬休みの期間です。年末年始は、家庭によってこどもの過ごし方が異なることに配慮が求められます。

2月～3月

➤退所、進級等の準備の時期であり、新年度に向けての取組も必要になります。

○　日々のこどもの状況や育成支援の内容を記録する。

◇　記録の必要性

　放課後児童クラブでは、こどもの様子と育成支援の内容、明日以降へ引き継ぐ必要のある事項等を毎日記録することが求められます。日々のこどもの状況や育成支援の内容について記録することは、放課後児童支援員等がこどもについての理解を深め、育成支援の内容を充実させることにつながります。また、記録することを通じて放課後児童支援員等は自らの育成支援を振り返り、気付きを得ることができ、放課後児童支援員等の間での情報や気付きを共有することが可能となります。

　更に、毎日の記録をもとにした一定期間におけるまとめや事例検討を行うことで、こどもへの関わり、遊びや生活の様子、一人ひとりのこどもの課題等について放課後児童支援員等の反省・評価を加えながら整理を行うことが可能になります。

　記録は、育成支援における放課後児童支援員等の職務の一つとして日常的・継続的に取り組むべきものです。なお、基準第5条第3項では、放課後児童健全育成事業の一般原則として、「放課後児童健全育成事業者は、地域社会との交流及び連携を図り、児童の保護者及び地域社会に対し、当該放課後児童健全育成事業者が行う放課後児童健全育成事業の運営の内容を適切に説明するよう努めなければならない」とされており、このような説明責任を果たすためにも、育成支援の内容を適切に記録しておくことが必要となります。

◇　記録内容の共有と保管の必要性

　育成支援の記録は、回覧するなどして、その内容を放課後児童支援員等の間で共有できるようにします。なお、記録には、個人情報が含まれていたり、守秘義務が求められることが書かれていたりする場合があるため、あらかじめ定められた者以外の人が断りなく見ることができないところや施錠可能な場所に保管するなどして、取扱いに十分留意することが必要です。ＩＣＴを

第3章　放課後児童クラブにおける育成支援の内容

活用する場合もアクセス制限など、紙の記録同様の取扱いが必要です。

○　職場内で情報を共有し事例検討を行って、育成支援の内容の充実、改善に努める。

開所時間前には、職場内で当日の育成支援の目標や取組内容、1日の過ごし方について確認するとともに、こどもの状況（出欠席の予定、前日の出来事の中で共有しておくべき事項等）について共有することが求められます。また、1日の終わりには、短時間でもその日の育成支援の状況と申し送りの必要な事項等を確認する打合せを持つことが必要です。

日々の育成支援の記録や個人記録をもとに、定期的に事例検討を行うことも重要です。複数の放課後児童支援員等による事例検討を通じて様々な気付きが生まれ、個々のこどもに対する理解を深めることができ、育成支援の内容の改善につながります。

○　通信や保護者会等を通して、放課後児童クラブでのこどもの様子や育成支援に当たって必要な事項を、定期的かつ同時にすべての家庭に伝える。

放課後児童クラブでは、通信（お便り等）の発行や保護者会の開催等を通じて、定期的かつ同時にすべての家庭に育成支援の内容についての情報を提供することが求められます。保護者は、放課後児童クラブでのこども全体の様子を知ることで、放課後児童クラブで共に過ごすこども達について知ることができ、保護者同士の交流の促進にもつながります。

放課後児童クラブが発行する通信には、日常のこどもの遊びや生活の様子とともに、行事や活動の予定のほか、連絡事項等を記載することが考えられます。

（2）運営に関わる業務

> 　放課後児童クラブの運営に関わる業務として、次の取り組みも必要とされる。
> ・業務の実施状況に関する日誌（こどもの出欠席、職員の服務に関する状況等）
> ・運営に関する会議や打合せ、申合せや引継ぎ
> ・おやつの発注、購入等
> ・遊びの環境と施設の安全点検、衛生管理、清掃や整理整頓
> ・保護者との連絡調整
> ・学校との連絡調整
> ・地域の関係機関、団体との連絡調整
> ・会計事務
> ・その他、事業運営に関する記録

◇　業務の実施状況に関する日誌

　業務の実施状況に関する日誌は、育成支援の内容についての記録とは趣旨が異なり、日々の業務の中で行った事柄を客観的な記録として残すものです。日誌には、「日付」「開所時間」「こどもの出欠席人数、出欠席状況」「開所時間前後の業務内容」「職員の勤務状況」「主な活動」「行事」「事故やケガの発生状況とその対処」「おやつに関すること」「学校との連絡」「関係機関との連絡」等を記載することが考えられます。

◇　運営に関する会議や打合せ、申合せや引継ぎ

　運営に関する会議や打合せ、申合せや引継ぎを実施する際には、事前に文書を作成しておくことで、情報共有がより円滑になります。また、終了後には議事録を作成し、議論した内容を職場内で共有することが求められます。

　なお、会議等の中で話し合われた事項については、すべての放課後児童支援員等に確実に伝達されるようにすることが求められます。

◇　おやつや昼食の発注、購入等

　放課後児童クラブごとにおやつや昼食を発注、購入する場合は、メニュー、予算、食物アレルギー対応にも留意して準備を進めることが必要です。

◇　遊びの環境と施設の安全点検、衛生管理、清掃や整理整頓

　こどもの遊びの環境と施設の安全点検は、毎日実施します。点検に際しては、点検表等を活用し、確認事項に漏れがないようにすることが求められます。

　また、こどもが過ごす生活環境について衛生管理を徹底するために、日々の清掃や整理整頓が必要です。

◇　保護者との連絡調整

　放課後児童クラブの運営に関わることやこどもの遊びや生活の様子について、保護者に適宜連絡調整することが求められます。

　なお、連絡調整に当たっては、保護者との伝達事項について個人情報の保護や知り得た事柄の秘密保持に留意することが必要です。

◇　学校との連絡調整

　学校との連絡調整の内容としては、こどもの下校時刻の確認、下校時のトラブルやこどもの病気・事故等の際の連絡調整、年間計画や行事予定等の情報共有等のほか、新年度には放課後児童クラブに在籍するこどもを知らせておくこと、緊急時の対応方法を確認しておくこと等が考えられます。

　なお、学校との連絡調整に当たっては、あらかじめ個人情報の保護や秘密保持についてのルールを取り決めておくことが求められます。

◇　地域の関係機関、団体との連絡調整

　放課後児童クラブのこどもの生活が地域社会の中で理解され、協力を得られるようにするために、自治会・町内会や民生委員・児童委員（主任児童委員）等の地域組織、児童館や保育所、認定こども園、幼稚園等と日常的に連

絡調整を円滑に行うことも、放課後児童クラブの運営に関わる業務として位置付けられます。

◇ **会計事務**

放課後児童クラブにおいて現金を取り扱う場合には、会計の記録は帳簿に付けて保管し、決算について第三者が監査を行う必要があります。また、現金は必ず金融機関に預けるようにし、通帳等も施錠できる場所に保管するなど、万全の管理体制をとります。

◇ **その他、事業運営に関する記録**

施設設備等の安全点検の実施記録、物品の購入・保管の記録、避難訓練の記録、放課後児童クラブ内外の会議について記録し、期限を定めて保存します。

第4章　放課後児童クラブの運営

第4章 | 放課後児童クラブの運営

　この章は、基準に基づく職員体制や集団の規模等の具体的な内容を記述しています。運営に関して取り上げた項目は、「職員体制」「こども集団の規模（支援の単位）」「開所時間及び開所日」「利用の開始等に関わる留意事項」「運営主体」「労働環境整備」「適正な会計管理及び情報公開」です。

1．職員体制

> （1）放課後児童クラブには、年齢や発達の状況が異なるこどもを同時にかつ継続的に育成支援を行う必要があること、安全面での管理が必要であること等から、支援の単位ごとに2人以上の放課後児童支援員（基準第10条第3項各号のいずれかに該当する者であって、都道府県知事が行う研修を修了したもの）を置かなければならない。ただし、そのうち1人は、補助員（放課後児童支援員が行う支援について放課後児童支援員を補助する者）に代えることができる。

　放課後児童クラブでは年齢や発達の状況が異なる多様なこどもが一緒に過ごしており、その中でこども一人ひとりがそれぞれの発達段階に応じた主体的な遊びや生活ができるようにすることが求められます。そのために、放課後児童支援員等は、一人ひとりの心身の状態を把握しながら、年齢や発達の状況が異なるこどもに同時かつ継続的に育成支援を行う必要があります。

　ケガやこども同士のけんか等への対応や、安全面での管理も求められます。ケガやこども同士のけんか等が生じた場合、そのことに対応する職員と当事者以外のこどもに対応する職員が必要になります。また、放課後児童クラブでは、こども達が複数の場所でそれぞれに活動することがあります。更に、放課後児童支援員等は、こどもが放課後児童クラブにいる時間に電話対応、連絡帳等の確認、おやつの準備等も行います。

　したがって、一つのこどもの集団（支援の単位）に複数の放課後児童支援員等を配置することが必要です。支援の単位については、基準第10条第4項

139

で「第二項の支援の単位は、放課後児童健全育成事業における支援であって、その提供が同時に一又は複数の利用者に対して一体的に行われるものをいい、一の支援の単位を構成する児童の数は、おおむね四十人以下とする」とされています。

なお、基準第10条第2項では、「放課後児童支援員の数は、支援の単位ごとに二人以上とする」とされ、ただし、「その一人を除き、補助員（略）をもってこれに代えることができる」とされています。

> （2）放課後児童支援員等は、支援の単位ごとに育成支援を行わなければならない。なお、放課後児童クラブを利用するこどもが20人未満の場合で、放課後児童支援員のうち1人を除いた者又は補助員が同一敷地内にある他の事業所、施設等の職務に従事している場合等は、この限りではない。

基準第10条第5項では、放課後児童支援員等は、「支援の単位ごとに専ら当該支援の提供に当たる者でなければならない」とされています。このことは、原則として、支援の提供時間帯を通じて他の職務に従事しないこと[18]をいいます。その上で、同項では「利用者が二十人未満の放課後児童健全育成事業所であって、放課後児童支援員のうち一人を除いた者又は補助員が同一敷地内にある他の事業所、施設等の職務に従事している場合その他の利用者の支援に支障がない場合は、この限りでない」とされています。

> （3）こどもとの安定的、継続的な関わりが重要であるため、放課後児童支援員の雇用に当たっては、長期的に安定した形態とすることが求められる。

放課後児童クラブにおける育成支援は、集団として安定した生活を維持することと同時に個別のこどもに対する情緒面等での対応が必要とされ、その中で、こども一人ひとりと集団全体の生活を豊かにすることが求められま

---

18 「放課後児童健全育成事業の設備及び運営に関する基準について」（平成26年5月30日雇児発0530第1号厚生労働省雇用均等・児童家庭局長通知）より

す。そのため、放課後児童支援員は、こどもと安定的に継続的な関わりを持てるように専任として配置されることが必要になります。また、対象となるこどもが「小学生」とされたことによって、こどもが数年にわたって放課後児童クラブに在籍することも想定されるため、より一層、こどもと安定的に継続的な関わりを持てるような体制を整えることが求められます。

　そのため、放課後児童支援員の雇用に当たっては、雇用形態を長期的に安定したものとし、放課後児童支援員が長期にわたって安心して就業できるよう、処遇改善や労働環境の整備にも努めることが求められます。

（4）放課後児童支援員等の勤務時間については、こどもの受入れ準備や打合せ、育成支援の記録作成等、開所時間の前後に必要となる時間を前提として設定されることが求められる。

　育成支援に関わる業務には、こどもの受入れ準備、打合せ、育成支援の記録作成、清掃・片付け、配布物等の作成、事務処理等が含まれます。これらの業務は開所時間の前後に行うことが望ましいことから、放課後児童支援員等の勤務時間については、開所時間の前後に必要な準備時間を設けることを前提として設定されることが求められます。

２．こども集団の規模（支援の単位）

（1）放課後児童クラブの適切な生活環境と育成支援の内容が確保される
　　ように、施設設備、職員体制等の状況を総合的に勘案し、適正なこど
　　も数の規模の範囲で運営することが必要である。
（2）こども集団の規模（支援の単位）は、こどもが相互に関係性を構築
　　したり、１つの集団としてまとまりをもって共に生活したり、放課後
　　児童支援員等が個々のこどもと信頼関係を築いたりできる規模とし
　　て、おおむね40人以下とする。

　放課後児童クラブにおいて、こどもが安心して、安定的に生活するために
は、施設設備、職員体制とともに、適正なこども集団の規模で運営する必要
があります。

　放課後児童クラブにおけるこども集団の規模（支援の単位）については、
こどもの情緒面への配慮や安全の確保の観点から、どの程度の人数規模が望
ましいのかという「こどもの視点」を持つことが何より重要です。そうした
視点に立つと、こどもが相互に関係を構築したり、一つの集団としてまとま
りを持って生活したり、職員が個々のこどもとこども集団との信頼関係を築
いたりすることができる人数として、おおむね40人程度までが適当と考えら
れます。

　これに基づき、基準第10条第４項では、こども集団の規模（支援の単位）
について「おおむね四十人以下とする」と定められています。

142

3．開所時間及び開所日

（1）開所時間及び開所日については、保護者の就労時間、学校の授業の終了時刻その他の地域の実情等を考慮して、当該放課後児童クラブごとに設定する。

（2）開所時間については、学校の授業の休業日は１日につき８時間以上、学校の授業の休業日以外の日は１日につき３時間以上の開所を原則とする。なお、こどもの健全育成上の観点にも配慮した開所時間の設定が求められる。

（3）開所する日数については、１年につき250日以上を原則として、保護者の就労日数、学校の授業の休業日その他の地域の実情等を考慮して、当該放課後児童クラブごとに設定する。

　放課後児童クラブの開所時間及び開所日は、保護者の就労時間、学校の授業の終了時刻、こどもの放課後の状況や１日の生活、その他の地域の実情等を考慮して設定する必要があります。その際、学校の授業の休業日（土曜日、日曜日、長期休業期間等）の開所時間は、終了時刻だけでなく、開始時刻についても保護者の就労状況等を考慮することが求められます。保護者の就労時間や就労状況が多様化している実態を踏まえて、地域における保育所や認定こども園の開所時間や開所日等も参考にすることが望まれます。

　また、こどもの健全な育成という観点に配慮することも重要です。学校生活や家庭生活を含めたこどもの生活全体のリズムや発達面に与える影響等も考慮しながら放課後児童クラブの開所時間や開所日を設定する必要があります。

（4）新１年生については、保育所等との連続性を考慮し、４月１日より受け入れを可能にする必要がある。

　放課後児童クラブに入所する新１年生のこどもの多くは、保護者の就労等により保育所等に通っていたこどもであり、前年度末に保育所等を卒園します。放課後児童クラブに入所するまでの間に空白期間が生じることのないよ

う、4月1日から放課後児童クラブで受入れを可能にすることが求められます。

4．利用の開始等に関わる留意事項

（1）放課後児童クラブの運営主体は、放課後児童クラブの利用の募集に当たり、適切な時期に様々な機会を活用して広く周知を図ることが必要である。その際には、利用に当たっての留意事項の明文化、入所承認の方法の公平性の担保等に努める必要がある。
（2）放課後児童クラブの利用を希望する保護者等に対しては、必要な情報を提供することが求められる。

　放課後児童クラブの運営主体は、利用の募集に当たり、事業目的・内容、利用要件、利用料、申込手続方法等についてわかりやすく掲載した入所案内を作成した上で、放課後児童クラブの利用を希望する保護者に必要な情報を提供することが求められます。

　作成した入所案内は、市町村の窓口で配布したりホームページに掲載するなどにより、広く周知を図ることが必要です。それらの情報は常時公開しておくことで、利用を希望する際にはいつでも情報を得られるようにしておきます。なお、次年度に入学予定のこどもがいる家庭のためには、毎年秋から冬にかけて行われる学校の入学説明会や就学時健康診断での配布を可能にするなどして、情報を入手しやすいよう工夫することが望まれます。

　この際、放課後児童クラブが定める事業の運営に関する規程に基づき、事業の運営方針や利用に当たっての留意事項等について明文化し、放課後児童クラブの利用を希望する保護者が確認できるようにしておくことが望まれます。また、放課後児童クラブの入所の決定については、入所の審査と決定の仕組みを定め、可能な限りそれに則って公平性を保って行うことが望まれます。なお、この仕組みの定めに当たっては、ひとり親家庭等の優先利用の考え方や利用手続き等の留意事項に関する通知「放課後児童健全育成事業の事務手続に関する留意事項について」（平成28年9月20日雇児総発0920第2号厚生労働省雇用均等・児童家庭局総務課長通知）を踏まえることも望まれます。

〈関連法令・通知等〉

放課後児童健全育成事業の事務手続に関する留意事項について（平成28年9月20日雇児総発0920第2号厚生労働省雇用均等・児童家庭局総務課長通知）より

1　優先利用の基本的考え方について

（3）優先利用の基本的考え方及び対象として考えられる事項

　　　放課後児童クラブを利用できなかった児童（以下「待機児童」という。）の発生状況に加え、事前に予測される事案や個別事案ごとへの対応の必要性等の観点を踏まえ、事案に応じて受入れの優先度を高めることにより、優先利用を可能とする仕組みが考えられる。

　　　その際、優先的な受入れが実際に行われるよう、地域における受入体制を確認し、市町村子ども・子育て支援事業計画に基づく提供体制の確保等を着実に実施していることが必要となる。

　　　これらを踏まえ、優先利用の対象として考えられる事項について例示をすると次のとおりである。ただし、それぞれの事項については、適用される児童・保護者、状況、体制等が異なることが想定されるため、運用面の詳細を含め、実施主体である市町村において、それぞれ検討・運用する必要があることに御留意いただきたい。

①　ひとり親家庭

　（略）

②　生活保護世帯（就労による自立支援につながる場合等）

③　主として生計を維持する者の失業により、就労の必要性が高い場合

④　虐待又はDVのおそれがあることに該当する場合など、社会的養護が必要な場合

⑤　児童が障害を有する場合

⑥　低学年の児童など、発達の程度の観点から配慮が必要と考えられる児童

⑦　保護者が育児休業を終了した場合

（略）

⑧　兄弟姉妹（多胎で生まれた者を含む。）について同一の放課後児童クラブの利用を希望する場合

⑨　その他市町村が定める事由

※このほか、保護者の疾病・障害の状況や各世帯の経済状況（所得等）を考慮することも考えられる。

※また、市町村の判断により、人材確保・育成や就業継続による全体へのメリット等の観点から、放課後児童支援員等の子どもの利用に当たって配慮することも考えられる。

※併せて、保育士、幼稚園教諭、保育教諭の子どもの利用に当たって配慮することも考えられる。

2　放課後児童健全育成事業に関する情報収集及び利用手続等について

（２）放課後児童健全育成事業の利用手続について

（略）

　　放課後児童健全育成事業の利用手続については、市町村が情報の収集を行い、利用のあっせん、調整及び事業者への要請を行うとした児童福祉法第21条の11の趣旨に基づき、可能な限り利用申込先及び利用決定機関を市町村とすることが考えられるが、地域の実情に応じ市町村以外の者を利用申込先及び利用決定機関とする場合にも、市町村が各放課後児童クラブの利用申込や待機児童の状況等について随時報告を受ける等により、利用状況を把握し、利用のあっせん、調整及び事業者への要請を行うことができるような実施体制を構築することが望ましい。

（略）

（3）利用の開始に当たっては、説明会等を開催し、利用に際しての決ま
　　り等について説明することが求められる。

　利用の開始に当たっては、説明会等を開催し、放課後児童クラブでの生活
や活動内容、来所・帰宅の方法やルール、利用に当たっての決まり、利用に
際して準備が必要なもの等について説明することが求められます。同時に、
放課後児童クラブが加入している損害賠償保険や傷害保険の内容についての
説明も必要です。

　説明が求められる事項については、「利用のしおり」等の形でまとめて保
護者に配布することも望まれます。

〈関連法令・通知等〉

社会福祉法（昭和26年法律第45号）より
福祉サービスの提供等に関する関係条文

（利用契約の申込み時の説明）
第76条　社会福祉事業の経営者は、その提供する福祉サービスの利用を希
　　　　望する者からの申込みがあった場合には、その者に対し、当該福祉サー
　　　　ビスを利用するための契約の内容及びその履行に関する事項について
　　　　説明するよう努めなければならない。
（利用契約の成立時の書面の交付）
第77条　社会福祉事業の経営者は、福祉サービスを利用するための契約（厚
　　　　生労働省令で定めるものを除く。）が成立したときは、その利用者に
　　　　対し、遅滞なく、次に掲げる事項を記載した書面を交付しなければな
　　　　らない。
　　一　当該社会福祉事業の経営者の名称及び主たる事務所の所在地
　　二　当該社会福祉事業の経営者が提供する福祉サービスの内容
　　三　当該福祉サービスの提供につき利用者が支払うべき額に関する事項

第4章　放課後児童クラブの運営

四　その他厚生労働省令で定める事項

2　社会福祉事業の経営者は、前項の規定による書面の交付に代えて、政令の定めるところにより、当該利用者の承諾を得て、当該書面に記載すべき事項を電磁的方法により提供することができる。この場合において、当該社会福祉事業の経営者は、当該書面を交付したものとみなす。

（4）特に新1年生の環境変化に配慮して、利用の開始の前に、こどもや家庭の状況、保護者のニーズ及び放課後児童クラブでの過ごし方について十分に保護者等と情報交換することが求められる。

　利用の開始に際しては、個別に保護者と書面のやりとりあるいは面談を通じて、来所・帰宅の時間と方法、こどもの健康状態、こどもや家庭の状況、食物アレルギー等の有無、保護者のニーズ等について把握、確認することが求められます。

　環境の大きな変化がこどもの情緒や健康状態に影響を及ぼす場合があるため、新1年生については特に配慮することが重要です。また、食物アレルギー等への対応は利用開始時からすぐに必要です。このため、把握しておくべき情報については、利用開始前に保護者等と十分に情報交換を行って共通理解を持ち、保護者の不安を払拭して信頼関係を構築できるように努めることが重要です。

（5）こどもが放課後児童クラブを退所する場合には、そのこどもの生活の連続性や家庭の状況に配慮し、保護者等からの相談に応じて適切な支援への引き継ぎを行う。

　こどもが放課後児童クラブを退所する場合、退所後の過ごし方についてこどもや保護者に事前に確認し、それに向けた準備ができるよう、保護者への情報提供やこどもへの働きかけ等、必要な支援を行うことが望まれます。ま

149

た、退所に伴う居場所の変化がこどもの心理に与える影響にも配慮し、円滑に生活を移行していけるように、保護者と連携して支援することが重要です。

　放課後児童クラブを退所した後も放課後の生活において何らかの支援を必要とする場合には、そのこどもの生活の連続性や家庭の状況に配慮し、保護者等からの相談に応じて他機関の紹介等を行い、適切な支援への引継ぎを行うことが望まれます。

第4章　放課後児童クラブの運営

5．運営主体

（1）放課後児童健全育成事業は、市町村が行うこととし、放課後児童ク
　ラブの運営については、育成支援の継続性という観点からも、安定し
　た経営基盤と運営体制を有し、こどもの権利や健全育成、地域の実情
　についての理解を十分に有する主体が、継続的、安定的に運営するこ
　とが求められる。

　平成24年8月に成立した子ども・子育て支援法では、放課後児童健全育成
事業は、市町村が実施の責任を担う「地域子ども・子育て支援事業」として
位置付けられています。また、事業の質を確保するために、同法成立に伴う
児童福祉法の一部改正において、児童福祉法第34条8の2第1項では「市町
村は、放課後児童健全育成事業の設備及び運営について、条例で基準を定め
なければならない。この場合において、その基準は、児童の身体的、精神的
及び社会的な発達のために必要な水準を確保するものでなければならない」
とされ、市町村が条例で設備及び運営についての基準を定めるべきことが規
定されました。そして、児童福祉法第34条8の2第2項では、その条例を市
町村が定める際には「内閣府令で定める基準を参酌するものとする」とされ
ています。

　放課後児童クラブの運営は、育成支援の継続性という観点からも、こども
の福祉について十分に理解し、安定した経営基盤と運営体制を有する主体が
安定的・継続的に担っていくことが求められます。また、運営主体は、地域
の実情についても十分に理解していることが求められます。

（2）放課後児童クラブの運営主体は、次の点に留意して運営する必要がある。

○　こどもの権利に関する理解を深め、放課後児童支援員等に対するこ
　どもの権利に関する学習の機会を設ける。

　放課後児童クラブの運営主体は、児童福祉法やこども基本法、児童の権利
に関する条約、障害者の権利に関する条約等において規定されるこどもの権

151

利について十分に理解するとともに、放課後児童クラブの運営や育成支援においてこどもの人権が守られるよう、放課後児童クラブにおいてこどもの権利に関する学習の機会を確保し、職員が参加できる環境を整えることが求められます。

○　こどもの人権に十分配慮するとともに、一人ひとりの人格を尊重して、その運営を行う。

放課後児童クラブの運営主体は、放課後児童クラブでこどもの人権を侵害するような事案が起きないよう、十分配慮するとともに、こども一人ひとりの人格を尊重して事業の運営及び育成支援に当たる必要があります。

○　地域社会との交流及び連携を図り、こどもの保護者及び地域社会に対し、放課後児童クラブの運営の内容を適切に説明するように努める。

放課後児童クラブは、地域社会の中で子育てに関わって重要な役割と責任を担っている事業です。そのため、放課後児童クラブの運営主体には、地域の中で放課後児童クラブの存在や役割が十分に理解され、地域社会との交流や連携によって育成支援の内容がより豊かになるように努めることが求められます。

地域社会の理解を得ていくためには、放課後児童クラブが行う育成支援の内容について、地域における事業の利用者である保護者に適切に説明することが必要です。そして、そこで説明する育成支援の内容について、自治会・町内会や民生委員・児童委員（主任児童委員）等の地域組織やこどもに関わる関係機関等にも適切に説明するよう努める必要があります。

○　放課後児童クラブの運営の内容について、自ら評価を行い、その結果を公表するように努める。

放課後児童クラブの運営主体には、その公共性から、自らの運営内容について評価を行い、その結果を踏まえて放課後児童支援員等と話し合い、事業の改善を図ることが求められます。また、保護者や地域社会に放課後児童ク

第4章　放課後児童クラブの運営

ラブの取組の実情を明らかにし、説明責任を果たすために、自己評価の結果を公表するように努めることが求められます。なお、社会福祉法第78条では、自らその提供する福祉サービスの質の評価の実施とそれに基づくサービスの質の確保が、社会福祉事業の経営者の責務として位置付けられています。

〈関連法令・通知等〉

社会福祉法（昭和26年法律第45号）より

（福祉サービスの質の向上のための措置等）
第78条　社会福祉事業の経営者は、自らその提供する福祉サービスの質の評価を行うことその他の措置を講ずることにより、常に福祉サービスを受ける者の立場に立つて良質かつ適切な福祉サービスを提供するよう努めなければならない。
　2　（略）

○　こどもや保護者の国籍、信条又は社会的身分による差別的な扱いをしない。

　放課後児童クラブは、こども基本法第3条第1項及び児童の権利に関する条約第2条、基準第11条の規定に基づき、その運営や育成支援に当たって、こどもや保護者に、国籍、信条又は社会的身分による差別的な扱いをしてはなりません。

○ 放課後児童クラブごとに事業の運営についての重要事項（①事業の目的及び運営の方針、②職員の職種、員数及び職務の内容、③開所時間及び開所日、④育成支援の内容及び利用料、⑤定員、⑥事業の実施地域、⑦事業の利用に当たっての留意事項、⑧緊急時等における対応方法、⑨非常災害対策、⑩虐待の防止のための措置に関する事項、⑪その他事業の運営に関する重要事項）に関する運営規程を定め、また、職員、財産、収支及び利用者の処遇の状況を明らかにする帳簿を整備する。

　放課後児童クラブごとに、事業の運営についての重要事項に関する運営規程を定め、職員、財産、収支及び利用者の処遇の状況を明らかにする帳簿を整備する必要があります。このことについて、基準第14条では「放課後児童健全育成事業者は、放課後児童健全育成事業所ごとに、次の各号に掲げる事業の運営についての重要事項に関する運営規程を定めておかなければならない」、基準第15条では「放課後児童健全育成事業者は、職員、財産、収支及び利用者の処遇の状況を明らかにする帳簿を整備しておかなければならない」とされています。なお、基準第14条に定められる事業の運営についての重要事項は次の11項目です。

1　事業の目的及び運営の方針

2　職員の職種、員数及び職務の内容

3　開所している日及び時間

4　支援の内容及び当該支援の提供につき利用者の保護者が支払うべき額

5　利用定員

6　通常の事業の実施地域

7　事業の利用に当たっての留意事項

8　緊急時等における対応方法

9　非常災害対策

10　虐待の防止のための措置に関する事項

11　その他事業の運営に関する重要事項

第4章　放課後児童クラブの運営

> ○　放課後児童クラブの運営主体に変更が生じる場合には、こどもの心
> 情に十分配慮した上で、こどもへの丁寧な説明や意見聴取、意見反映
> が求められる。また、育成支援の継続性が保障され、こどもへの影響
> が最小限に抑えられるように努めるとともに、保護者の理解が得られ
> るように努める必要がある。

　放課後児童クラブの運営主体に変更が生じる場合には、市町村及び運営主体は、こどもの心情に十分配慮しながらこどもへの説明・意見聴取を行うとともに、育成支援の継続性が保障され、こどもへの影響が最小限に抑えられるようにするとともに、保護者の理解が得られるように努める必要があります。

　市町村は、事業の実施主体として、運営主体の変更がこどもに与える影響を最小限に抑えられるように、急激な変化を抑制するための必要な手立てやこどもと保護者への説明を行う必要があります。特にこどもに対しては、わかりやすく丁寧に説明を行い、こどもの思いや意見、要望を聴き取った上で今後の対応方法を検討することが求められます。また、放課後児童クラブの運営主体は、年度途中の急な運営の中止等は極力行わないようにする、運営主体に変更が生じる場合には事前にこどもや保護者に説明するなど、こどもへの影響を最小限に抑えられるように努めることが必要です。

6．労働環境整備

> （1）放課後児童クラブの運営主体は、放課後児童支援員等の労働実態や意向を把握し、放課後児童支援員等が健康で意欲を持って就業できるように、労働環境の整備に努める必要がある。

　放課後児童クラブの運営主体は、労働基準法（昭和22年法律第49号）を遵守した就業規則等を定め、勤務時間、休暇取得状況等の労働実態を把握するとともに、放課後児童支援員等から定期的に職場環境や働き方に関する意向を把握することが求められます。これらの取組を通じて労働環境を整備し、放課後児童支援員等が健康に、かつ意欲を持って仕事に取り組めるように努める必要があります。

> （2）放課後児童支援員等の健康管理や放課後児童クラブとしての衛生管理の観点から、健康診断等の実施が必要である。

　放課後児童クラブの運営主体は、労働者を雇用する事業者の責任として、放課後児童支援員等の健康管理の観点から、労働安全衛生法（昭和47年法律第57号）その他関連法令の定めるところにより、常時従事する放課後児童支援員等の雇入時の健康診断、年1回の定期健康診断等を実施することが必要です。

　また、放課後児童クラブは、こどもが集団生活を営む場であるため、多数のこどもが共に生活する環境が清潔に保たれるように、日頃から手洗い場（蛇口等）、台所設備、おやつ用の食器、トイレ、下駄箱、床・畳（カーペット）、棚、掃除用具、ドアノブ、玩具等の衛生管理を行います。施設設備等の清掃・消毒については、マニュアルやチェックリスト等を定めて計画的に行うとともに、実施点検した結果について記録することも必要です。これらのことは、放課後児童支援員等の労働環境整備としても必要です。

第4章　放課後児童クラブの運営

（3）放課後児童支援員等が、業務中あるいは通勤途上で災害等にあった場合の補償を行うため、事業主として労災保険に加入しておくことが必要である。また、必要に応じて厚生保険や雇用保険にも加入しておくことが求められる。

　放課後児童クラブの運営主体は、放課後児童支援員等が業務中あるいは通勤途上で災害等にあった場合に補償を行うため、労働者を雇用する事業主として労働者災害補償保険（労災保険）に加入しておく必要があります。また、健康保険、厚生年金保険や雇用保険等の社会保険制度への加入については、関連法令の定めにより適切な対応をとることが求められます。

7. 適正な会計管理及び情報公開

> （1）利用料等の徴収、管理及び執行に当たっては、定期的な検査や決算報告を行い、適正な会計管理を行うことが必要である。

　放課後児童クラブの公益性に照らし、保護者から利用料等を徴収する場合は、徴収の手続きや管理及び執行を適正に行い、その執行状況や決算報告について定期的に監査や決算報告を行い、適正な会計管理を行うことが必要です。

> （2）社会福祉法（昭和26年法律第45号）第75条第1項の規定に基づき、福祉サービスを利用しようとする者が適切かつ円滑にこれを利用できるように、社会福祉事業を運営する事業者には、事業の内容に関する情報の提供についての努力義務が課せられている。このため、放課後児童クラブの運営主体は、会計処理や運営状況について、保護者や地域社会に対して情報公開することが求められる。

　社会福祉法第75条第1項では、「社会福祉事業の経営者は、福祉サービス（略）を利用しようとする者が、適切かつ円滑にこれを利用することができるように、その経営する社会福祉事業に関し情報の提供を行うよう努めなければならない」とされています。このことを踏まえ、放課後児童クラブの運営主体についても、事業内容や財務及び収支の状況等についてわかりやすい情報公開を推進して、保護者や地域社会に対する説明責任を果たし、運営の適切性を担保することが求められます。

　なお、社会福祉法人については、社会福祉法において、貸借対照表、収支計算書、事業報告書、財産目録及び現況報告書等の作成、備置き及び閲覧等について規定されているので、これに沿った対応が必要です。

第5章　学校及び地域との関係

第5章 │ 学校及び地域との関係

　　放課後児童クラブを利用するこどもの生活の連続性、発達の連続性の
保障は、学校をはじめ、保育所・認定こども園・幼稚園等、地域、関係
機関との連携が不可欠である。市町村と放課後児童クラブの運営主体は、
連携を促進することに努めること。その他、放課後児童クラブは以下の
点に留意する。

　この章は、学校及び地域との連携に当たっての情報交換等の必要性や方法等
の内容を記述しています。放課後児童クラブを利用するこどもの多くは保育
所、認定こども園、幼稚園等を経て小学校に入学し、その中で放課後児童クラ
ブに入所します。そして、就学期間は自宅、学校、放課後児童クラブで多くの
時間を過ごすとともに、地域の様々な施設・活動に触れながら成長します。そ
のため、市町村と放課後児童クラブの運営主体は、学校をはじめ、保育所、認
定こども園、幼稚園等、地域、関係機関と連携することが不可欠です。

1．学校等との連携

（1）こどもの生活の連続性を保障するために、情報交換や情報共有、職
　　員同士の交流等によって学校との連携を積極的に図る。

　放課後児童クラブに通うこどもは学校、放課後児童クラブで1日の多くの
時間を過ごしています。放課後児童支援員等は、こどもが日々の生活を円滑
に過ごすことができるよう、安全面も含めて学校と情報交換や情報共有を
し、こどもの生活の連続性を保障する必要があります。

　学校との連携を図るためには、放課後児童クラブの事業案内や行事の予
定、放課後児童クラブに在籍するこどもの名簿等を届けるなどして、放課後
児童クラブでの生活の様子を学校に伝えます。そして、学校から授業時間や
年間行事の予定と学校だより・学年だより等を知らせてもらいます。特に1
年生については、環境の変化が大きいことを考慮して、4月当初は緊密な連

携を図ることが大切です。

　学校からの下校時刻に加え、学校行事等の予定もあらかじめ把握すること
は、下校後のこどもの心身の変化に気付き、細やかに対応できるようにする
ためにも必要なことです。また、こどもが放課後児童クラブに来所する予定
だったのに来ていない、体調が優れないなど、何か変化や問題が生じた際に
は、学校とすぐに連絡調整ができる関係を構築しておくことが求められます。

　更に、公開授業や学校行事に参加するなどして、学校でのこどもの様子を
知る機会を積極的に作るよう心掛け、学校からもこどもの放課後児童クラブ
での生活に関わる情報を伝えてもらえるような関係を築くことも望まれます。

> （2）学校との情報交換や情報共有は日常的、定期的に行い、その実施に
> 　当たっては、個人情報の保護や秘密の保持についてあらかじめ取り決
> 　めておく。

◇　学校との日常的、定期的な情報交換・情報共有

　学校との情報交換や情報共有は日常的に行う必要があるほか、行事等で交
流したり連携の窓口担当者同士が面談したりするなど、定期的な情報交換や
情報共有、交流等の機会を設けることも重要です。

　設置場所が学校内か学校外かに関わらず、放課後児童クラブに学校との連
携の窓口担当者を置くことが求められます。学校からも連絡の際の窓口とな
る担当者を知らせてもらうと、連携がスムーズになります。可能であれば、
担当者同士が面談する機会を、年間を通して定期的に設けられるようにする
ことが望まれます。

　更に、保護者からも、学校に対してこどもが放課後児童クラブに在籍して
いることや放課後児童クラブでの様子等を伝えてもらうなどして、保護者の
協力のもとで日常的に学校との連携を図ることが望ましいといえます。

◇　個人情報の保護や秘密の保持についての取り決め

　放課後児童クラブが入手した個人情報や放課後児童支援員等が職務上知り

得た情報については、放課後児童クラブとしてあらかじめ情報の管理や取扱いのルールを取り決めておき、責任を持って情報を管理しなければなりません。なお、こどもに関して、保育所、認定こども園、幼稚園等に情報提供をしたり情報を得たりする際には、その情報に個人情報や本人にとって秘密とみなされる情報が含まれていることもあるため、原則として、情報を共有することについて保護者から同意を得る必要があります。

> **（3）こどもの遊びと生活の場を広げるために、学校の校庭、体育館や余裕教室等を利用できるように連携を図る。**

　こどもの遊びや活動の内容を広げ、放課後児童クラブに在籍していないこどもと交流を深められるようにするために、学校教育に支障が生じない範囲で、日常的に学校の校庭、体育館や余裕教室の活用に加えて、特別教室や学校図書館等のタイムシェアができるよう、学校や教育委員会・市町村の担当部局との連携を図ることが求められます。このような形での連携は、学校に、放課後児童クラブでの生活やこどもの様子を知ってもらう機会にもなります。

　学校施設の利用に当たっては、学校の理解と協力が不可欠です。放課後児童クラブの市町村の担当部局と教育委員会の間において連携、協力の方針について確認した上で、放課後児童クラブが学校と日常的に交流を深め、協力関係を築くことが望まれます。特に、学校敷地内、あるいは学校に隣接している放課後児童クラブは、学校と双方の施設管理・運営において密接な関わりを持つことになるため、協力関係を築くことがより一層重要になります。なお、放課後児童クラブが学校施設を利用する際には、利用のルール、事故やケガ、器物破損が生じた際の対応等の取決めについて、学校における働き方改革の観点も踏まえながら、事前に学校と協議しておくことが求められます。

> **（4）コミュニティ・スクール（学校運営協議会制度）や地域学校協働活動等、放課後児童クラブと学校、地域の関係者が連携・協働する機会に積極的に参画する。**

　「コミュニティ・スクール（学校運営協議会制度）」は、地域住民や保護者

が学校運営に当事者として参画する仕組みであり、地域でどのようなこどもを育てるのか、何を実現していくのかという目標やビジョンを地域住民等と共有し、地域と一体となってこどもを育む「地域とともにある学校づくり」や、地域やこどもをめぐる課題解決のためのプラットフォームにもなり得る「学校を核とした地域づくり」を推進する取組です。コミュニティ・スクールを導入している自治体においては、放課後児童クラブと学校との連携・協働体制強化のためにこの仕組みを活用して情報や課題を共有することが効果的です。

　また、放課後子供教室などの「地域学校協働活動」は、幅広い地域住民の参画を得て、地域全体でこどもたちの学びや成長を支えるとともに、「学校を核とした地域づくり」を目指して、地域と学校が相互にパートナーとして、様々な取組を組み合わせて実施する活動です。

　放課後児童クラブ関係者等が、学校運営協議会の熟議や地域学校協働活動（登下校の見守り活動や清掃活動等）に積極的に参画し、日常的に顔の見える関係性を構築しておくことで、放課後児童クラブが学校施設・設備等を活用する際の協議を進めやすくなったり、学校の活動やこども・保護者に関する情報や課題等の共有が円滑になったりすることが考えられます。

　各地域に「地域学校協働活動推進員」等（地域と学校をつなぐコーディネーターの役割を担う者）が配置されている場合には、地域学校協働活動推進員等のコーディネートのもとで地域の様々な関係機関とつながり、放課後児童クラブを支える地域資源の輪を広げていくことも期待されます。

（5）放課後児童対策の趣旨を踏まえ、放課後子供教室との連携型（すべてのこどもが放課後子供教室の活動プログラムに参加し、交流できるもの）や、校内交流型（連携型の内、同一小学校内等で放課後児童クラブと放課後子供教室を実施しているもの）として実施できるよう努める。校内交流型を実施する際であっても、それぞれの事業の趣旨を踏まえるとともに、放課後児童クラブについてはこどもの生活の場としての機能を十分に担保し、育成支援の環境に配慮する。

すべてのこどもが、放課後等を安全・安心に過ごし、多様な体験・活動を行うことができるようにすることが重要であることから、放課後児童クラブ及び放課後子供教室が連携して、共働き家庭等のこどもを含めたすべてのこどもが放課後子供教室の活動プログラムに参加し、交流できる「連携型」や、「連携型」のうち、同一小学校内等で両事業を実施している「校内交流型」[19]として実施できるようにしていくことが期待されます。

なお、「校内交流型」の場合であっても、それぞれの事業の趣旨を踏まえるとともに、放課後児童クラブについては、市町村が定める最低基準と国の運営指針に基づいて行い、こどもの生活の場としての機能を十分に担保しなくてはなりません。ここでいう「こどもの生活の場としての機能」を果たすためには、専用区画の設置に加え、専任する複数の放課後児童支援員等の配置が必要です。

> （6）こどもの放課後や居場所を豊かにするという観点から、放課後子供教室の企画内容や準備等について、円滑な協力ができるように打合せを定期的に行い、こどもの目線に立った検討を行う。なお、放課後子供教室への参加に当たっては、体調や帰宅時刻等の理由から参加できない、あるいは自分の意思で参加しないこどもがいることも考慮する。

こどもの放課後や居場所を豊かにするという視点のもと、放課後子供教室の活動内容や時間等については、放課後児童クラブに在籍するこどもも参加しやすいように配慮することが求められます。このため、放課後子供教室等の地域学校協働活動の企画段階から、放課後児童支援員等と放課後子供教室のスタッフとの打合せを定期的に行い、学校区ごとに設置する協議会に参加するなど関係者間の連携を図ることが望まれます。また、事業実施に当たっては、放課後児童支援員等と放課後子供教室のスタッフの円滑な協力のもとに実施されることが求められます。

19　新・放課後子ども総合プラン（平成30年9月策定）においては、「一体型」として推進してきたが、放課後児童対策パッケージ（令和5年12月25日こども家庭庁・文部科学省）以降は「校内交流型」と改めた。

なお、放課後子供教室の活動プログラムへの参加に当たっては、本人の意思で参加しないこどもへの対応や、本人の体調あるいは帰宅時刻等の理由から参加できないこどもへの対応も考慮しなくてはなりません。

2．保育所、認定こども園、幼稚園等との連携

> （1）新1年生については、こどもの発達と生活の連続性を保障するために、保育所、認定こども園、幼稚園等とこどもの状況について情報交換や情報共有を行う。

　放課後児童クラブに通う新1年生は、学校の入学式よりも早く、放課後児童クラブでの生活が始まります。また、新1年生は、保育所、認定こども園、幼稚園等から学校へと環境の変化が大きいため、とりわけ4月当初は家庭や学校と連携して丁寧な支援を行い、こどもの生活の連続性を保障する必要があります。

　放課後児童支援員等は、こどもが通っていた保育所、認定こども園、幼稚園等と連絡をとるなど、積極的に交流を図ることが求められます。放課後児童クラブにおける生活やこどもの様子、また、利用の募集時には、利用の要件や申込方法等を保育所、認定こども園、幼稚園等の職員に積極的に伝え、情報共有を行うことが望まれます。

　市町村や各学校区等で行われている保育所、認定こども園、幼稚園等と学校の連絡会・情報交換会に放課後児童クラブも参加できるように努め、日頃の生活や活動の様子を共有するとともに、特に配慮を必要とするこども等については丁寧に情報を共有することが必要です。

　なお、こどもに関して、保育所、認定こども園、幼稚園等に情報提供をしたり情報を得たりする際には、その情報に個人情報や他者に知られたくない情報が含まれていることもあるため、原則として、情報を共有することについて保護者から同意を得る必要があります。また、こうした連携を進めていくためには、双方の担当部局との連携による協力も不可欠です。

> （2）保育所、認定こども園、幼稚園等とのこども同士の交流、職員同士の交流等を行う。

　放課後児童クラブに入所する前から、こどもが放課後児童クラブでの放課後の生活についてのイメージを持てるように、保育所、認定こども園、幼稚

園等と放課後児童クラブのこども同士の交流や職員同士の交流を深めることが望まれます。例えば、保育所、認定こども園、幼稚園等に通う年長児が放課後児童クラブを訪問したり、お互いの行事に参加したりするなどの取組が考えられます。

　また、放課後児童クラブと保育所、認定こども園、幼稚園等がお互いの活動の内容やこどもの様子について理解を深めるために、見学や打合せ等を通じて職員同士の交流を深めていくことも望まれます。

第5章　学校及び地域との関係

3．地域、関係機関との連携

> （1）放課後児童クラブに通うこどもの生活について地域の協力が得られ
> るように、自治会・町内会や民生委員・児童委員（主任児童委員）等
> の地域組織やこどもに関わる関係機関等と情報交換や情報共有、相互
> 交流を図る。

　放課後児童クラブの行事に地域の人々を招待したり、放課後児童支援員等
やこどもが地域の行事や他の関係機関が主催する行事に参加したりするなど
の交流を通じて、地域から放課後児童クラブの存在やその役割が認知され、
親しみを持ってもらえるように努めることが大切です。地域との交流を深め
ることは、不審者情報等を含めた地域の様々な情報について、地域組織やこ
どもに関わる関係機関等と日常的・継続的に情報共有ができる関係を構築す
ることにもつながります。

　放課後児童支援員等は、放課後児童クラブに通うこどもの生活が地域の中
で円滑に営まれるように、日頃から地域の状況について把握するよう努める
ことが求められます。地域組織やこどもに関わる関係機関等だけでなく、交
通事情や地域の安全の状況等、こどもの生活を視野に入れた近隣環境につい
ても調べておくことが望まれます。

　同時に、こうした放課後児童クラブと地域組織やこどもに関わる関係機関
等との関わりや、そこで得られた地域の情報を保護者にも伝えることによっ
て、保護者が地域のこどもに関する活動等に関わることを支援することも望
まれます。

> （2）地域住民の理解を得ながら、地域のこどもの健全育成の拠点である
> 児童館やその他地域の公共施設等を積極的に活用し、放課後児童クラ
> ブのこどもの活動と交流の場を広げる。

　小学生になると、こどもの活動範囲や興味・関心も大きく広がります。放
課後児童クラブの中だけではなく、周辺にある公園や児童遊園、児童館、図
書館等地域の公共施設等も積極的に活用し、屋外での遊びや活動を行うこと

も重要です。そのため、放課後児童クラブの近隣にある、こどもが利用できる地域の公共施設や事業等を把握し、積極的に活用することが求められます。このことにより、放課後児童クラブのこどもの活動と交流の場が広がり、放課後児童クラブに通っていないこどもとの交流の場を広げることもできます。

（3）事故、犯罪、災害等からこどもを守るため、地域住民と連携、協力してこどもの安全を確保する取り組みを行う。

放課後児童クラブに通うこどもは、学校から直接放課後児童クラブに来所し、学校の下校時刻よりも遅い時間帯に自宅へ帰ります。地域の人々に放課後児童クラブに通うこどものことについて知ってもらうことは、こどもを見守り支える地域づくりの観点からも大切なことです。

放課後児童支援員等は、こどもが学校から放課後児童クラブに来所する時、家庭と放課後児童クラブの行き来、地域の中の遊び場等と放課後児童クラブの行き来も含めて、放課後児童クラブに通うこどもの安全を確保する必要があります。地域の中での事故、犯罪、災害等からこども達を守るためには、放課後児童クラブのこどもが地域で過ごす際の見守りについての理解を広げ、地域の人々との連携、協力を得られるようにすることが求められます。

（4）こどもの病気やケガ、事故等に備えて、日常から地域の保健医療機関等と連携を図る。

こどもの病気やケガ、事故等に備えて、診療所、病院や保健センター等を含む地域の保健医療機関等の連絡先を確認し、日頃から連携を図ることが必要です。

緊急時には地域の診療所等をすぐに利用できるよう、あらかじめ放課後児童クラブの概要や生活について伝えて協力を依頼し、こどもの健康状態等で気になることがある際にはすぐに相談できるような関係をつくっておくことが望まれます。こどものケガには、目や歯を含む頭部等緊急性が高い場合もありますので、専門医も含めて地域の保健医療機関等の状況を把握し、連携を図る必要があります。

第5章　学校及び地域との関係

4．学校、児童館を活用して実施する放課後児童クラブ

（1）学校施設を活用して実施する放課後児童クラブ

> ○　学校施設を活用する場合には、市町村と市町村教育委員会が連携し、施設の使用に当たって学校や関係者の協力が得られるように努めるとともに、放課後児童クラブの運営主体が責任をもって管理運営に当たる。

　学校施設を活用する場合には、市町村と市町村教育委員会による連携のもと、放課後児童クラブの運営主体が責任を持って管理運営に当たらなくてはなりません。そして、学校施設の使用に当たっては、学校における働き方改革の観点も踏まえ、学校や関係者の協力が得られるような十分な説明と配慮が求められます。また、事故が起きた場合の対応等についても、あらかじめ学校や教育委員会・市町村の担当部局で協定を締結するなどして、事故等が発生した際にもスムーズな対応が図られるように努めることが望まれます。

> ○　専用区画を安定的に確保するまでの間、放課後児童クラブを一時的に特別教室等のタイムシェアによって運営する場合には、あらかじめ確認すべき事項について、学校等と取り決め等を行うよう努める。また、タイムシェアを行う特別教室等については、育成支援にふさわしい環境とするよう配慮すること。

　専用区画は、こどもの遊びと生活の場としての機能や静養するための機能が備えられている必要があるため、安定的に確保されることが求められます。専用区画を安定的に確保するまでの対応として、放課後児童クラブを学校内の特別教室や学校図書館等のタイムシェアにより運営する場合があります。タイムシェアによる放課後児童クラブの実施は学校教育に支障が生じない範囲での利用が前提となりますので、あらかじめ教育委員会及び各学校との間で、使用日時や利用できる施設・設備の範囲、管理責任、緊急時の対応、学校教育に支障が生じ得る場合の対応などについて、運用ルールを定めてお

く必要があります。また、タイムシェアを行う特別教室等については、こども
もが利用するロッカーや休息場所の確保のほか、放課後児童支援員等が着替
えや事務作業等を行う場所の確保など、育成支援にふさわしい環境となるよ
う配慮することも必要です。

　なお、タイムシェアによる放課後児童クラブの実施においては、設備利用
等に関する制限遵守やルールの徹底、開所前後の準備・片付け等が必要にな
ることから、放課後児童支援員等だけでなくこどもにも負担や制限を生じる
可能性があることを認識した上での対応が求められます。

（2）児童館を活用して実施する放課後児童クラブ

○　児童館の中で放課後児童クラブを実施する場合は、放課後児童クラ
　　ブに通うこどもの育成支援の環境及び水準が担保されるようにする。

　児童館の中で放課後児童クラブを実施する場合は、放課後児童クラブの運
営は市町村が条例で定める最低基準と国の運営指針に基づいて、専用区画を
設置し、専任する複数の放課後児童支援員等を配置するなど求められる基準
を満たした上で、放課後児童クラブとして必要な育成支援の内容が実現され
るように努めることが求められます。

○　児童館に来館するこどもと放課後児童クラブに在籍するこどもが交
　　流できるように、遊びや活動に配慮する。
○　放課後児童クラブの活動は、児童館内に限定することなく近隣の環
　　境を活用する。

　児童館の中の放課後児童クラブは、日常的に児童館に来館するこどもと一
緒に遊びや活動に取り組むことができるという利点を生かして、放課後児童
クラブに通うこどもとそれ以外のこどもとが共に過ごすことができるよう遊
びや活動に配慮し、自然な交流が図られるようにすることが求められます。
　また、児童館内にある放課後児童クラブには、児童館内のみに活動を限定
することなく、近隣の環境を活用し、公園や児童遊園、図書館等地域の公共

施設等に遊びや活動の場を広げることが求められます。

〈関連法令・通知等〉

児童館ガイドライン（令和 6 年12月 3 日こ成環第300号こども家庭庁成育
局長通知）より

第 4 章　児童館の活動内容
（略）
　8　放課後児童クラブ（放課後児童健全育成事業）の実施と連携
　（1）児童館で放課後児童クラブを実施する場合には、放課後児童健
　　　全育成事業の設備及び運営に関する基準（平成26年厚生労働省令第
　　　63号）及び放課後児童クラブ運営指針（平成27年雇児発0331第34号
　　　厚生労働省雇用均等・児童家庭局長通知）に基づいて行うよう努め、
　　　児童館の持つ機能を生かし、次のことに留意すること。
　　　①　児童館に来館するこどもと放課後児童クラブに在籍するこども
　　　　が交流できるよう遊びや活動に配慮すること。
　　　②　多数のこどもが同一の場所で活動することが想定されるため、
　　　　児童館及び放課後児童クラブのそれぞれの活動が充実するよう、
　　　　遊びの内容や活動場所等について配慮すること。
　　　③　放課後児童クラブの活動は、児童館内に限定することなく近隣
　　　　の環境を活用すること。
　（2）児童館での活動に、近隣の放課後児童クラブのこどもが参加で
　　　きるように配慮するとともに、協力して行事を行うなどの工夫をす
　　　ること。

第6章 | 施設及び設備、衛生管理及び安全対策

　放課後児童クラブを安全・安心な居場所とするため、各事業所において基準に定められた安全計画を策定し、総合的な対策を講じることが求められる。また、放課後児童クラブは感染症の蔓延時や災害時にも必要に応じて開所することが期待されるため、あらかじめ市町村や保護者等関係者と連携しながら業務継続計画を定めるよう努めること。その他、以下の点に留意する。

　この章では、放課後児童クラブを安全・安心な居場所とするための総合的な対応策として、基準に基づく安全計画策定と施設及び設備の環境整備、感染症や事故等への対応方法等の具体的な内容を記述しています。基準第6条の2では、「放課後児童健全育成事業所ごとに、当該放課後児童健全育成事業所の設備の安全点検、職員、利用者等に対する事業所外での活動、取組等を含めた放課後児童健全育成事業所での生活その他の日常生活における安全に関する指導、職員の研修及び訓練その他放課後児童健全育成事業所における安全に関する事項についての計画を策定し、当該安全計画に従い必要な措置を講じなければならない」とされており、安全計画に基づく研修及び訓練の実施、安全確保に向けた保護者との連携を義務付けています。

　「施設及び設備」では、放課後児童クラブに備えることが求められる生活の場としての機能を踏まえ、確保すべき区画や設備を明らかにし、環境整備において放課後児童支援員等に求められる配慮や工夫を示しています。「衛生管理及び安全対策」では、放課後児童支援員等が育成支援の中で行うことが求められる衛生管理及び安全対策の取組、こどもが必要な生活習慣や行動を習得できるよう援助すべき事項のほか、感染症の蔓延時や災害時の業務継続計画策定についても示しています。

第6章　施設及び設備、衛生管理及び安全対策

1. 施設及び設備

（1）施設

> ○　放課後児童クラブには、こどもが安全に安心して過ごし、体調の悪い時等に静養することができる生活の場としての機能と、遊び等の活動拠点としての機能を備えた専用区画が必要である。
> ○　専用区画の面積は、こども1人につきおおむね1.65㎡以上を確保することが求められる。

◇　「生活の場」としての機能

　放課後児童クラブは、こどもが放課後の時間を過ごす場であるため、休息やおやつ・食事等の基本的な生活を保障する機能を備えながら、安全に安心して、疲労の回復や気分の転換ができるくつろぎの場であることが必要です。そのため、ゆったりと過ごせる空間を用意するなど、一般の住まいに備えることが求められる機能をある程度満たす必要があります。

　したがって、放課後児童クラブの施設には、「生活の場」として、衛生及び安全が確保された手洗い場、台所設備、トイレ等のほかに、おやつや食事、自主的な学習活動が落ち着いてできるスペースや設備、こどもが団らんや休息等ゆったりとくつろげるスペース、体調の悪い時等に静養できるスペース等を確保することが求められます。また、生活の場としてこども一人ひとりの専用のロッカー（持ち物置き場）や下駄箱を設置するなどの配慮や工夫も望まれます。

◇　「遊び等の活動拠点」としての機能

　放課後児童クラブはこどもが日常的に遊びを行う場であり、室内・室外の両方に遊ぶことのできる空間を確保しておく必要があります。室内においては、静かな遊びやごっこ遊び等ができるスペースを設け、活動的な遊びができるスペースには設備、備品等の安全対策を施すなどしてこどもが過ごしや

173

すいように空間構成を工夫するとともに、遊びを豊かにするために必要な設備、備品等を備えることが求められます。また、放課後児童クラブの室外の遊びの場を確保する上では、学校、公園や児童遊園、児童館、図書館等地域の公共施設等と連携し、それらを積極的に活用することも望まれます。

◇ **専用区画の必要性**

　放課後児童クラブが「遊び等の活動拠点」や「生活の場」としての機能を持つためには、その施設空間は、こどもの生活の連続性を保障するとともに、こどもにとって「他人が断りなく出入りすることのない、安全と安心が保障された空間」として成り立つようにしなければなりません。すなわち、仕切りや境界がある独立した空間で、生活に必要な営みができる機能が備わったつくりであることが求められます。

　そのため、基準第9条第1項では、「放課後児童健全育成事業所には、遊び及び生活の場としての機能並びに静養するための機能を備えた区画（以下この条において「専用区画」という。）を設ける」とされており、また、基準第9条第3項では、専用区画並びに設備及び備品等について「放課後児童健全育成事業所を開所している時間帯を通じて専ら当該放課後児童健全育成事業の用に供するものでなければならない」とされています。

　放課後子供教室との校内交流型で実施する場合や、児童館の中で放課後児童クラブを実施する場合も、放課後児童クラブの専用区画を確保する必要があります。

　専用区画の面積は、基準第9条第2項で「児童一人につきおおむね1.65平方メートル以上」とされています。

○ 室内のレイアウトや装飾、採光等にも配慮し、こどもが心地よく過ごせるように工夫することも求められる。

　放課後児童クラブの室内でこどもが心地よく過ごせるように、換気や採光に配慮し、室温や湿度、明るさ等が適切に保たれた快適な環境となるようにすることが求められます。また、壁面の掲示や装飾は生活の変化や節目に応

第6章　施設及び設備、衛生管理及び安全対策

じたものとし、こどもから見やすく整頓された状態を保つようにすることが
望まれます。

　室内のレイアウトについては、空間に余裕のない場合は、机や遊具の置き
場所を工夫したり可動式のものを用いるなどして、こどもが動いて遊んだ
り、座って遊んだりできるように空間を工夫することが求められます。棚等
の安定したもので空間を区切って、こどもが集中して遊ぶことができるス
ペースをつくる、カーペットや畳を敷くなどしてゆったりとくつろげるよう
にするなどの工夫も必要です。

○　こどもの遊びを豊かにするため、屋外遊び・運動遊びを行う場所や
　自然にふれあいながら過ごせる環境を確保することが求められる。そ
　の際、学校施設（校庭や体育館等）や近隣の児童遊園・公園、児童館
　等を有効に活用する。

　屋外での遊び・運動遊びは、こどもの心身を解放し、運動能力を高めると
ともに、こども同士での遊びを豊かなものにします。また、植物・動物・水・
土・天気など、身近にある様々な自然にふれる経験も、こどもの育ちにおい
て重要なことです。放課後児童クラブに通うこどもは、帰宅までの放課後の
時間や学校の休業日に放課後児童クラブで過ごすことを考慮して、屋外遊び
や運動遊びを行う場所、自然にふれあいながら過ごせる環境を積極的に確保
し、活用していくことが求められます。

　放課後児童クラブに隣接する屋外の遊び場、自然とふれあう場が整ってい
ない場合は、近隣の学校施設、公園や児童遊園、児童館等地域の公共施設等
を積極的に活用することが求められます。学校や地域の公共施設等について
は、放課後児童クラブの活動への理解が得られるように努め、遊びの場所の
提供について協力を得られるようにすることが求められます。

○　こどもの遊び及び生活の場の他に、放課後児童支援員等が事務作業
　や更衣ができるスペース等も求められる。

　放課後児童クラブは、放課後児童支援員等にとっては職場であるため、こ

175

どもの生活スペースとは別に、職務の遂行に必要な事務作業や更衣ができるスペースや設備が必要です。十分なスペースがない場合でも、机やロッカー等の配置、空間の区切り等を工夫することによって、放課後児童支援員等が事務作業や更衣ができるようにする必要があります。また、事務作業に必要な電話や事務機器等についても、整備が求められます。

（2）設備、備品等

○　衛生及び安全が確保された設備を備え、こどもの所持品を収納するロッカーやこどもの生活に必要な備品、遊びを豊かにするための遊具及び図書を備える。

「生活の場」としての機能を満たすための設備及び備品等の具体例としては、衛生及び安全が確保された手洗い場、台所設備、トイレ、ロッカー（持ち物置き場）、下駄箱、机、椅子、冷暖房器具等が挙げられます。なお、ロッカーや下駄箱は、こども一人ひとりに専用のものを設ける必要があります。

また、「遊び」に必要な設備、備品等として、テーブル、遊具や図書、遊びの素材、またそれらの収納設備等が考えられます。なお、遊びの素材は、こどもが自主的・創造的に遊ぶことができるものも用意することが望まれます。

設備及び備品等の衛生及び安全の状況については、日常的に確認することが求められます。基準第9条第4項では、「専用区画等は、衛生及び安全が確保されたものでなければならない」とされています。

○　年齢に応じた遊びや活動ができるように空間や設備、備品等を工夫する。

放課後児童クラブは、年齢の異なるこどもが放課後の時間を一緒に過ごす場です。そうした特性を踏まえて、どの年齢のこどもにとっても、ほっとできるくつろぎの場であるとともに、いきいきと活動できる場となるよう、空間や設備、備品等の配置や構成を工夫することが求められます。

第6章　施設及び設備、衛生管理及び安全対策

２．衛生管理及び安全対策

（１）衛生管理

> ○　手洗いやうがいを励行するなど、日常の衛生管理に努める。また、必要な医薬品その他の医療品を備えるとともに、それらの管理を適正に行い、適切に使用する。

◇　日常の衛生管理のための取組

　こどもが手洗いやうがい、身体・衣服の汚れへの対応等を日常的に行うなど清潔を保つための生活習慣を身に付けるよう援助し、こどもと共に日常の衛生管理に努めることが求められます。放課後児童支援員等は、日常の衛生管理に向けた取組のあり方や感染症や食中毒等の予防と対応等に関する基礎知識を習得した上で、日々の育成支援に当たる必要があります。また、衛生管理の観点から施設設備や備品等を定期的に点検することも求められます。

◇　必要な医薬品その他の医療品の備え

　医師の指示により保護者を通じて児童の医薬品[20] を保管する場合は、適切に管理することが必要です。また、こどもの衛生管理に当たって必要となる医薬品（医薬部外品等）の備えが求められます。

　急な病気や事故に際してのこどもの応急手当のためにＡＥＤ等も備えておくことが望まれます。

> ○　施設設備やおやつ等の衛生管理を徹底し、食中毒の発生を防止する。

20　アナフィラキシー症状の進行を一時的に緩和する自己注射薬や、てんかん発作に対する座薬や口腔用液が考えられる。その使用においては、緊急でやむを得ない場合であり、また、通知で使用条件が示されているので、確認すること。

◇ 施設設備の衛生管理

放課後児童クラブは、こどもが集団生活を営む場であるため、多数のこどもが共に生活する環境が清潔に保たれるように、日頃から手洗い場（蛇口等）、台所設備、おやつ用の食器、トイレ、下駄箱、床・畳（カーペット）、棚、掃除用具、ドアノブ、玩具等の衛生管理を行います。施設設備等の清掃・消毒については、マニュアルやチェックリスト等を定めて計画的に行うとともに、実施点検した結果について記録することも必要です。

◇ おやつの提供における留意点

おやつの提供は、食中毒や事故の防止のための点検項目を定め、確認しながら行うことが必要です。また、おやつを提供する放課後児童支援員等は、手洗いや爪切り、消毒等の衛生管理を徹底することが必要です。放課後児童クラブによっては、おやつ作りをするところもありますので、取り組むべき衛生管理の内容を明確に定めて、それを遵守することが求められます。

こどもがおやつの準備等を放課後児童支援員等と一緒に行う場合は、こどもも手洗い等を行い、爪の状態や傷の有無の確認等をして衛生管理を徹底します。その際には、食品の衛生管理とともに、使用する布きんやまな板等も消毒し、乾燥させるなどして食中毒対策をすることが必要です。これらの衛生管理上の留意点については、行事として調理等を行う場合も同様です。

○ 感染症の発生状況について情報を収集し、予防に努める。感染症の発生や疑いがある場合は、必要に応じて市町村、保健所等に連絡し、必要な措置を講じて二次感染を防ぐ。

○ 感染症や食中毒等の発生時の対応については、市町村や保健所との連携のもと、あらかじめ放課後児童クラブとしての対応方針や業務継続計画を定めておくとともに、保護者と共有しておく。

感染症については、市町村、保健所や学校等と連携して、日頃から発生状況についての情報収集に努め、予防に努めることが大切です。その上で、市

町村が作成する感染症対策のマニュアル等の内容に従って、感染症等が発生した場合の罹患したこどもに対する対応と感染防止に関する対策、業務継続計画についてあらかじめ定めておき、その内容を保護者にも伝えて、理解と協力が得られるようにしておく必要があります。

　感染症が流行している時期には、特に衛生的な環境を整えるよう心掛ける必要があります。感染症が疑われるこどもを発見した場合には、他のこどもとの接触を断つようにし、保護者に速やかに連絡し、症状に応じて自宅安静や医療機関への受診を勧めます。症状に緊急性があると判断される場合には、救急車を要請します。嘔吐物や便等は、あらかじめ備えておいた感染症発生時の汚物処理等に対処できる用具や消耗品を用いて迅速に処理し、手指の消毒を徹底することが必要です。また、保健所の指示に従い、施設内の消毒、放課後児童支援員等やこどもの手洗いについて徹底することが必要です。

　なお、感染症等の発生時の報告については、市町村の定める対処方針に沿って行い、必要に応じて市町村、保健所等に連絡し、連携して必要な措置を講じて二次感染を防ぐよう努める必要があります。

〈参考情報〉
　「保育所における感染症対策ガイドライン（2018年改訂版）」（厚生労働省（令和5年4月にこども家庭庁に移管）、平成30年3月）には、乳幼児期の特性を踏まえた感染症対策の基本が示されています。放課後児童クラブにおける感染症対策のあり方を検討するに当たって参考にしてください。

◇　**食中毒発生時の対応**
　食中毒の発生が疑われる際には、放課後児童支援員等は速やかに運営主体の責任者に報告し、責任者は必要な指示を行う必要があります。また、運営

主体の責任者は、市町村の担当部局に迅速に、食中毒が疑われる者の人数、症状、対応状況等を報告するとともに、併せて保健所に報告し、指示を求めるなどの措置をとることが必要です[21]。これらの食中毒が発生した際の対応については、市町村、保健所等と連携の上であらかじめ対応の方針や手順、業務継続計画を定め、放課後児童クラブと保護者との間で共有しておくことが必要です。

　食中毒が疑われるこどもについては、いつから、何を食べて、どのような症状なのかなど、状況を具体的に把握する必要があります。そして、速やかに保護者に連絡し、医療機関への受診を勧めます。症状に緊急性があると判断された場合には、救急車を要請します。同時に、他のこどもの様子も確認し、保護者への連絡等、必要な措置をとることが必要です。なお、嘔吐物や便等は、食中毒発生時の汚物処理等に対処できる用具や消耗品を用いて迅速に処理の上、消毒を徹底することが必要です。また、保健所の指示に従い、施設内の消毒、放課後児童支援員等やこどもの手洗いについて徹底することが必要です。なお、消毒薬にはいくつか種類がありますが、それぞれに異なる効果がありますので、適切な使用が求められます。

〈参考情報〉
　「保育所における食事の提供ガイドライン」（平成24年3月30日雇児保発0330第1号厚生労働省雇用均等・児童家庭局保育課長通知）には、保育所における食事をより豊かなものにしていくよう検討する際の参考として、食事の提供の意義や具体的なあり方等について示しており、衛生面の配慮についても記載していますので、参考にしてください。

21　「社会福祉施設等における感染症等発生時に係る報告について」（平成17年2月22日健発第0222002号・薬食発第0222001号・雇児発第0222001号・社援発第0222002号・老発第0222001号厚生労働省健康局長、医薬食品局長、雇用均等・児童家庭局長、社会・援護局長、老健局長通知　※令和5年4月一部改正）

（2）事故やケガの防止と対応

○　日常の遊びや生活の中で起きる事故やケガを防止するために、室内及び屋外の環境の安全性について毎日点検し、必要な補修等を行う。これには、遠足等行事の際の安全点検も含まれる。

　放課後児童クラブの中でこどもが遭遇する危険として最も頻度が高いのは、日常の遊びや生活の中で起きる事故やケガです。施設設備等の些細な不具合が大きな事故やケガにつながる可能性もありますので、施設、設備、遊具、用具、屋外遊びの場所及び遊具等について日常的に安全を確認することが求められます。

　施設設備等については、安全点検表を作成して点検項目や点検頻度、点検者を定め、定期的に点検します。点検の結果については記録しておき、不具合がある場合には必要な補修等を行います。

　なお、安全点検の対象には、近隣の公園に行く場合や遠足等の放課後児童クラブの外で活動する場合の環境も含まれます。遠足等の場合は、行き帰りの経路や現地の状況を、天候や交通事情等も含めて事前に調べることが必要です。

○　事故やケガの防止に向けた対策や発生時の対応に関するマニュアルを作成し、マニュアルに沿った訓練又は研修を行い、放課後児童支援員等の間で共有する。

　事故やケガの防止のために日常においてどのような点に留意すべきか、また、事故やケガが起きそうになった場合、あるいは起きた場合にどのように対応して被害を少なくするかといったことについて、日常の行動に生かすための事故防止マニュアルを整備し、それを効果的に活用できるように訓練や研修を行う必要があります。特に、事故やケガが起きた場合を想定した実地の訓練は、実際に事故等が発生した際の迅速な対応につながるため、様々なケースを想定して定期的に行うことが必要です。

〈参考情報〉

「教育・保育施設等における事故防止及び事故発生時の対応のためのガイドライン」（平成28年3月31日府子本第192号・27文科初第1789号・雇児保発0331第3号内閣府子ども・子育て本部参事官、文部科学省初等中等教育局幼児教育課長、厚生労働省雇用均等・児童家庭局保育課長通知）には、教育・保育施設等において、特に死亡や重篤な事故の予防と事故後の適切な対応を行うための指針が示されていますので、参考にしてください。

○ こどもがプール等に入水するようなことや、普段の放課後児童クラブでの活動と異なることを行う際には、安全管理に特に留意し、運営体制等が整わないと判断される場合は、中止する。

特に、小学校の長期休業期間中等には、遊びの支援や体験活動の充実を目的にプール活動を行うことをはじめ、普段の放課後児童クラブでの活動と異なる活動を実施することが想定されます。プール活動含め普段と異なる活動は、内容により重大事故につながる可能性があることから、実施においては、監視体制、職員研修、安全指導、緊急事態への対応（連絡体制やAEDの所在確認等を含む）等に関するマニュアル等を作成する必要があります。

作成したマニュアルは、すべての放課後児童支援員等に周知した上で、必要に応じて研修・訓練を行うことも求められます。なお、長期休業期間は、臨時的雇用者を配置する可能性もありますが、安全管理体制上の懸念がある場合には、プール活動を中止する等の判断を行うことが必要です。

〈関連法令・通知等〉

「放課後児童クラブにおけるプール活動について」（令和5年8月18日こども家庭庁成育局成育環境課事務連絡）より

●プール活動は重大事故につながる可能性があることから、プール活動を行う場合は、監視体制、職員研修、児童への安全指導、緊急事態への対応（連絡体制やＡＥＤの所在確認等を含む）等に関するマニュアル等を作成する必要がある。作成にあたっては、使用する環境（プール、海・川・湖等）によって、状況が異なること等を想定すること。放課後児童クラブにおける事故やケガの防止や発生時の対応に関するマニュアルに付記することも考えられる。
●また、作成したマニュアルは、全ての職員（放課後児童支援員以外の職員やボランティア等を含む）に周知し、理解させる。
●必要に応じて、マニュアルに即した研修や訓練を実施する。
●使用するプール等の状況（水深、管理体制、周囲の環境、天候等）を事前に把握することが求められる。
●長期休業期間は、臨時的雇用者を配置する可能性があることから、通常と異なる等体制上の懸念がある場合は、プール活動を中止する等の判断を行う。

「教育・保育施設等におけるプール活動・水遊びの事故防止及び熱中症事故の防止について」（令和6年5月31日こども家庭庁成育局安全対策課、こども家庭庁成育局保育政策課、こども家庭庁成育局保育政策課認可外保育施設担当室、こども家庭庁成育局成育基盤企画課、こども家庭庁成育局成育環境課、こども家庭庁支援局障害児支援課、文部科学省総合教育政策局男女共同参画共生社会学習・安全課、消費者庁消費者安全課連

名事務連絡）より

1．プール活動・水遊びの事故防止
（1）監視体制の確保
プール活動・水遊びを行う場合は、監視体制の空白が生じないように専ら監視を行う者とプール指導等を行う者を分けて配置し、また、その役割分担を明確にすること。
（2）職員への事前教育
事故を未然に防止するため、プール活動に関わる職員に対して、こどものプール活動・水遊びの監視を行う際に見落としがちなリスクや注意すべきポイントについて事前教育を十分に行うこと。
（3）緊急事態の対応等
施設・事業者は、職員等に対し、心肺蘇生法を始めとした応急手当等及び119番通報を含めた緊急事態への対応について教育の場を設け、緊急時の体制を整理し共有しておくとともに、緊急時にこれらの知識や技術を活用することができるように日常において実践的な訓練を行うこと。

○　放課後児童支援員等は、こどもの年齢や発達の状況を理解して、こどもが自らの安全を守るための行動について学習し、習得できるように援助する。

　放課後児童クラブにおける活動の中では、危険につながる可能性のあることにこども自らが気付いて対処できる、直接の危険に遭遇した時に自分で被害を防ぐあるいは最小限に留めるなど、こども自身が危険を回避できるようにしていくことも求められます。こどもが遭遇する危険は、こどもの発達段階、こどもが置かれている状況や行動の内容によっても異なります。こどもが自ら危険を回避できる力を育てていくためには、こどもの発達段階や場面あるいは状況に応じた適切な援助が求められます。

> ○ おやつ等の提供に際して、食物アレルギー事故、窒息事故等を防止
> するため、放課後児童支援員等は応急対応について学んでおく。

　食物アレルギーのあるこどもについては、書面及び面談により、保護者と緊密に連携し、アレルギー症状を起こす食品や現れる症状、家庭での対応状況、保育所・認定こども園・幼稚園等での対応の経緯や学校での対応状況、医師の指示等、必要な事項を把握し、放課後児童クラブにおける対応方法を相談しながら決めていく必要があります。そして、対応方法と留意すべき事項については、こども本人・保護者・全職員の間で共有しておくことが必要です。

　食物アレルギー事故、窒息事故等には、危機管理の意識を持って日頃から備えておく必要があります。そのためには、緊急時における対応の方針を定めた上で運用方法と各放課後児童支援員等の役割分担について確認し、対応の手順を全職員の間で周知徹底する必要があります。また、緊急時に適切な対応を行うために、放課後児童支援員等は、食物アレルギーの症状が現れた場合や窒息等がみられた場合の見極め方や、救急車の要請、「エピペン®」の使用方法を含めた対応について、研修等で学んでおくことも必要です。

　万が一、こどもがアレルギー症状を起こす食品を食べたりそれらに触れたりし（可能性を含む）、アレルギー症状と疑われる様子がみられる場合には、こどもから目を離さないよう注意しながら応急処置のために必要な準備を行うとともに、直ちに緊急性を判断することが重要です。緊急性が高いと判断される場合には、すぐに救急車の要請を行い、「エピペン®」の使用、ＡＥＤの使用等の心肺蘇生の対応を実施します。一方で、保護者への連絡、運営主体の責任者への連絡等も必要です。同時に、一連の対応について記録をとることや、他のこどもへの対応も求められます。それぞれの手順を、早急かつ確実に進めるためには、日頃から緊急時を想定した訓練を行い、全職員がこどもの安全を守る当事者としての認識を強く持って事故の防止に取り組む必要があります。

　おやつ等の提供に際しては、窒息事故の可能性にも留意しなければなりません。食品を食べやすい大きさにして提供し、よく噛んで食べることを指導

するとともに、食べる際の姿勢やおやつの時間（前後を含む）のこどもの様子には必ず目を届かせる必要があります。万が一、食品が喉に詰まった様子がみられた場合には、救急車を要請する一方で、到着するまでの間は、救急隊員のアドバイスに従って対処を試みます。食物アレルギーの症状への対応と同様に、素早い判断と救急対応、応急処置が肝要です。

〈参考情報〉

　食物アレルギーへの対応や接触時の安全の確保について、いくつかまとめた資料がありますので、これらを参考にしながら、事故の防止に向けて組織的・継続的に取り組むようにしてください。

● 「保育所におけるアレルギー対応ガイドライン（2019年改訂版）」（厚生労働省（令和5年4月にこども家庭庁に移管）、平成31年4月）
　保育所等の職員が医療関係者や関係機関との連携の下、各保育所等においてアレルギー対応に取り組む際に活用することができるよう、乳幼児期の特性を踏まえた保育所におけるアレルギー疾患を有するこどもへの対応の基本が具体的に示されています。
● 「学校給食における食物アレルギー対応指針」（文部科学省、平成27年3月）
　学校や調理場における食物アレルギー事故防止の取組を促進することを目的として、食物アレルギーへの対応における基本的な考え方や留意すべき事項等が具体的に示されています。
● 「食に関する指導の手引−第2次改訂版−」（文部科学省、平成31年3月）
　学校における食育の必要性、食に対する指導の目標、食に関する指導の全体計画及び基本的な考え方と指導方法について取りまとめたもので、給食時における安全に配慮した食事の指導のあり方や窒息への対応方法についても示されています。

第6章　施設及び設備、衛生管理及び安全対策

○　事故やケガが発生した場合には、速やかに適切な処置を行うとともに、こどもの状況等について速やかに保護者に連絡し、放課後児童クラブの運営主体及び市町村に報告する。

◇　**事故やケガが発生した場合の対応**

　事故やケガが発生した場合には、応急手当等の初期対応のあり方が非常に重要です。少しの対応の遅れが命に関わることもあり得るため、放課後児童支援員等は応急手当等の具体的な方法についてあらかじめ学んでおき、いざその場面に直面した際には迅速に対処できるようにしておく必要があります。そのためには、応急手当の方法を学ぶ機会に参加することも求められます。

　事故やケガが発生した場合は、速やかに適切な処置を行うとともに、保護者に連絡し、事故原因等については改めて具体的かつ丁寧に説明することが求められます。保護者へ連絡する際には、家庭の状況や保護者の心情に配慮しながら、誠意ある対応を心掛けることが重要です。なお、万が一、事故やケガが発生した場合の対応や連絡方法については、事前に保護者と共有しておくことが望まれます。

　なお、重大事故が起きた場合には、放課後児童クラブの運営主体から市町村・都道府県を通じてこども家庭庁及び消費者庁に報告することが求められています。

〈関連法令・通知等〉

「教育・保育施設等における事故の報告等について」（令和7年3月21日こ成安第44号、6教参学第51号こども家庭庁成育局安全対策課長、こども家庭庁成育局保育政策課長、こども家庭庁成育局保育政策課認可外保育施設担当室長、こども家庭庁成育局成育環境課長、こども家庭庁成育局母子保健課長、文部科学省総合教育政策局男女共同参画共生社会学習・安全課長通知）より

1．事故が発生した場合の報告について

　特定教育・保育施設、幼稚園（特定教育・保育施設でないもの。）、特定地域型保育事業、延長保育事業及び放課後児童健全育成事業（以下「放課後児童クラブ」という。）については、特定教育・保育施設及び特定地域型保育事業の運営に関する基準（平成26年内閣府令第39号）、学校事故対応に関する指針（平成28年３月31日付け、27文科初第1785号）及び放課後児童健全育成事業の設備及び運営に関する基準（平成26年厚生労働省令第63号）により、事故が発生した場合には速やかに指導監督権限を持つ自治体、こどもの家族等に連絡を行うこと。

（中略）

　このうち重大事故については、事故の再発防止のための事後的な検証に資するよう、施設・事業者から報告を求めるとともに、以下の２から７までに定めるところにより、都道府県等を経由して国へ報告を行うこと。

2．（略）

3．報告の対象となる重大事故の範囲

（１）死亡事故

（２）意識不明事故（どんな刺激にも反応しない状態に陥ったもの）

（３）治療に要する期間が30日以上の負傷や疾病を伴う重篤な事故

4．～8．（略）

〈コラム〉

放課後児童クラブにおいて事故等が発生した場合の初期対応の例

　放課後児童クラブで事故等が発生した場合の直後の初期対応に当たって必要な事項の要点を紹介します。事故等が発生した場合の対応マニュアルの作成や想定訓練に活用してください。（一般財団法人児童健全育成推進

財団『安全指導・安全管理』（令和5年第2版）をもとに作成）

1．状況の把握・応急対応

①被害やケガの状況を把握する。

　　ケガの受傷部位、受傷程度、命の危険や大きな損傷等の有無を判断する。

②必要に応じて応急処置（止血、冷やす、安静、ＡＥＤの使用、人工呼吸等）を行う。外部の医療機関（救急車・近隣の医院等）で対応する必要があるかについて、迅速に判断する。

③救急車の要請が必要な場合は、迅速に119番に通報する。

　　窒息の場合等は、少しの対応の遅れが命に関わることがある。また付き添いが必要になる際の担当（順番）や、その際に持参する情報等が用意されているか否かも、救急時対応の速度に影響する。

④情報収集を行う。

　　事故が起きた前後の状況と事故の内容を把握する。

2．被害の拡大と二次被害を防ぐ

①応急処置の対応と並行して、他のこどもの安全確保を行う。

　　事故の場合は、他のこどもに被害が及ぶケースもあり、事故を目撃することで心理的なダメージを受けることもあるので、こどもを事故現場から遠ざける、安全な場所に移す、こどもの気持ちを落ち着かせるなどの対応を行う。

②必要と判断した時は、消防署、警察署等への通報も行う。

3．被害に遭った（負傷した）こどもの保護者への連絡

①緊急性があると判断した時は、事故の内容を確認した時点で保護者に連絡する。

②保護者に連絡する際には、事故の状況と負傷の様子について、簡潔・適切に報告する。必要がある場合は医療機関等へ急行してもらうこと

もある。

③緊急性がないと判断した場合でも、保護者には可能な限り早く連絡する。

　負傷の部位や程度によっては、放課後児童支援員等が子どもを家庭まで送り届け、直接保護者に説明するなど、丁寧な対応をする。被害に遭った（負傷した）こどもと保護者の心情を十分察して対応し、信頼関係を築くよう、誠意ある対応を心掛ける。

４．運営主体の責任者・市町村への連絡

①運営主体の責任者が放課後児童クラブと離れたところにいる場合は、１～３の応急対応と併せて、緊急時の連絡方法をあらかじめ決めておき、迅速に事故の経緯と応急対応の内容を伝え、その後の対応を話し合う。

②事故発生時の市町村への連絡方法をあらかじめ取り決めておき、それに従って連絡する。

◇　事故やケガが発生した場合の記録

　事故やケガが発生した場合は、その発生時刻や場所、その内容や対応の経過について正確な時刻の記述も含めて記録しておくことが必要です。発生時の状況を迅速かつ正確に記録することにより、その後の対応を適切に進めることができます。更に、発生に至った経緯や事故・ケガの内容、発生後の対処等を記録することによって、それらの発生した原因や対処のあり方を検証し、その後の事故やケガの予防や対応に役立てることもできます。なお、これらの記録は、事故について報告や説明が求められる場合の基礎資料にもなります。

第6章　施設及び設備、衛生管理及び安全対策

> ○　放課後児童クラブの運営主体は、放課後児童支援員等及びこどもに
> 適切な安全教育を行うとともに、発生した事故事例や事故につながり
> そうな事例の情報を収集し、分析するなどして事故防止に努める。そ
> の際、国の「教育・保育施設等における事故情報データベース」の活
> 用を検討する。

　事故事例や事故につながりそうであったヒヤリ・ハット事例等の情報は、
共有して対策のあり方を探ることで、多くの類似の事故を防ぐことにつなが
ります。軽微な事故や結果的に事故に至らなかった事例であっても、一歩間
違えれば重大な事故に発展していた可能性があることを踏まえ、事例の情報
を収集して記録の上、原因や要因を分析することが望まれます。この際、分
析のために必要な事項が明確になるよう記録の方法や様式を工夫し、検討し
やすい状態にしておくとよいでしょう。

　また、一つの放課後児童クラブで起きた事例は、繰り返し起きたり、他の
放課後児童クラブでも起きる可能性があるものです。実際に起きた事例を詳
しく分析して教訓を引き出し、その内容を必要に応じて同一の事業者内ある
いは市町村内の他の放課後児童クラブとも共有し、予防策に生かすことも考
えられます。なお、こども家庭庁・文部科学省に報告のあった事故の情報に
ついては、集約・データベース化され、公表されていますので参考にしてく
ださい。

> ○　放課後児童クラブの運営主体は、必ず損害賠償保険に加入し、賠償
> すべき事故が発生した場合は、損害賠償金の支払いに関する手続きを
> 速やかに行う。また、傷害保険等に加入することも必要である。

　放課後児童クラブの運営主体は、放課後児童クラブに通うこどもや放課後
児童支援員等の事故やケガ等で賠償すべき事態が発生する場合に備えて、必
ず損害賠償保険に加入しておく必要があります。また、過失の有無に関わら
ずケガ等を保障する傷害保険等についても加入することが必要です。

　なお、加入している保険の内容については、放課後児童クラブの利用の開

191

始に当たって説明会あるいは書面で保護者に説明しておくことが必要です。

> ○ 遠足等行事の活動や取組等のために、公共交通機関を利用する場合や自動車を運行する場合は、こどもの乗車・降車の際に、視認に加え、点呼等で確実に所在を確認する。

　基準第6条3では、「自動車を運行するときは、利用者の乗車及び降車の際に、点呼その他の利用者の所在を確実に把握することができる方法により、利用者の所在を確認しなければならない」とされています。遠足等の活動や取組等において、公共交通機関を利用したり自動車を運行する場合には、まず視認をしっかり行った上で、点呼等を通じてこどもの所在を確実に確認し、安全を守らなければなりません。すべての放課後児童支援員等が危機管理を行うという自覚を持ち、高い意識のもとで事故防止に向けた体制を徹底することが必要です。

> ○ 保護者組織が主体的に実施する行事や活動に、安全管理面からの助言等を行うよう努める。

　放課後児童クラブのこどもが参加する行事・活動の中には、保護者組織が主体的に計画・実施するものもあります。保護者が企画・運営する行事・活動においても、安全管理の必要性は変わりませんので、放課後児童クラブで策定したマニュアル等の共有、事故やヒヤリ・ハットの事例共有、損害賠償保険加入等、必要な対策を助言することが望まれます。

（3）防災及び防犯対策

> ○ 放課後児童クラブの運営主体は、市町村との連携のもとに災害等の発生に備えて具体的な計画及びマニュアルを作成し、必要な施設設備を設けるとともに、定期的に（少なくとも年2回以上）訓練を行うなどして迅速に対応できるようにしておく。また、外部からの不審者等の侵入防止のための措置や訓練など不測の事態に備えて必要な対応を図る。

第6章　施設及び設備、衛生管理及び安全対策

◇　**防災及び防犯対策のための計画及びマニュアル**

　地震・津波、気象災害（台風、大雪、竜巻、雷等）、火災等の災害が発生した場合には、適切に対応し、速やかに避難行動をとることが必要です。そのために、放課後児童クラブの運営主体は、市町村の基本方針をもとに地域の特徴を考慮して防災対策のための計画及びマニュアルを作成し、その内容について全職員の間で徹底する必要があります。そして、対応方針についての情報を学校等の関係機関、また保護者と共有するとともに、それらの計画及びマニュアルを市町村や自治会等の地域組織とも共有し、地域と連携した対応の仕組みを確立しておくことが重要です。

　なお、火災の発生に備えた必要な対応として、消防法（昭和23年法律第186号）の規定により、放課後児童クラブの運営主体には、消防用設備等の設置・維持管理、防火管理者の選任及び定期的な消防訓練の実施等が求められることがあります。

　不審者が侵入した場合や近隣で不審者に関する情報を入手した場合に備えて、防犯に関する計画及びマニュアルを作成し、防災対策のための計画及びマニュアルと同様に、関係機関や保護者と共有しておくことも必要です。放課後児童クラブの置かれている環境や施設設備の状況等を考慮しながら、緊急事態発生時にこどもの安全を守るために必要な対応について関係機関と協議し、確認しておくことが求められます。

◇　**定期的な避難訓練の実施**

　災害や不審者侵入等の事態が発生した場合に迅速かつ適切に対応できるように、定期的に（少なくとも年に２回以上）避難訓練を実施し、非常時の対応行動や放課後児童支援員等の役割分担、避難経路等について確認しておくことが必要です。

　避難訓練は、こどもも参加して体験型で行うことが求められます。避難訓練を実施する際の時間帯についても、出席予定のこどもが全員揃っている場合と揃っていない場合、学校からの下校途中に災害が生じた場合等、いくつかの場合を想定して行うことが適切であるといえます。また、こどもと一緒

に避難場所へ行く訓練や、こどもを保護者に渡す訓練を行うなど、被害の状況に応じた避難行動の流れを確認することも望まれます。その際には、保護者や地域住民等に避難訓練の実施をあらかじめ伝え、理解や協力を得る必要があります。

　なお、避難訓練を行った後は、実施状況等を記録し、改善策を検討することも重要です。

◇　防災・防犯のための事前の備え

　防災・防犯のためには、定期的な避難訓練の実施と併せて、施設、設備等や周辺の環境についての点検、関係者・関係機関等との情報共有等、事前の備えを十分に行っておくことが必要です。

〈コラム〉　　　　　　　　防災・防犯のための事前の備え

　防災・防犯のためには、定期的な訓練の実施と併せて、事前の備えを十分に行っておくことが必要です。以下に、事前の備えとして実施することが望ましい事項として考えられる主なものを整理し、紹介します。

【防災・防犯のための事前の備えとして実施しておくべき事項の例】
◆定期的な避難訓練の実施と併せて
　✓通常使用している書類等で非常時に持ち出しが必要なもの（児童票・
　　出席簿・引渡し票等）を確認する。
　✓緊急時対応のマニュアル（119番通報や避難誘導等の手順を示す、救
　　急病院等のリスト）を作成し、職員間で共有する。

◆その他の事前の備えとして
●防災
　➤非常持ち出し袋・備蓄物を準備し、内容物を定期的に確認する。

＞地震等によって設備、遊具や備品等の落下・倒壊等が生じないか点検する。

＞停電を想定した情報収集の手段を用意しておく（電池式ラジオ等）。

＞消火器を使いやすい場所に配置し、定期的に機能の点検と使い方の確認を行う。

● **防犯**

＞インターフォンを設置するなどして、来訪者と直接会う前にわかるようにする。

＞安全確保のために必要とされる箇所については施錠する。

＞施設、設備等や周辺環境に不審者等が不正侵入しやすい箇所がないか点検し改善する。

＞不審者情報について随時確認し、保護者にも情報提供する。

● **共通事項**

＞警察や消防、学校等関係機関と不審者情報や災害対策に関する情報を共有する。

＞対応方針について保護者にあらかじめ情報提供し、説明する。

＞放課後児童クラブ内に避難経路を掲示しておく。

＞こどもに防災・防犯に対する意識を高める取組を行う。

＞応急処置のための医薬品その他の医療品を配備する。

＞非常警報装置を設置する。

〈参考情報〉

　社会福祉施設等の防犯に係る安全確保については、「社会福祉施設等における防犯に係る安全の確保について」（平成28年9月15日雇児総発0915第1号・社援基発0915第1号・障障発0915第1号・老高発0915第1号厚生労働省雇用均等・児童家庭局総務課長、社会・援護局福祉基盤課長、同局障害保健福祉部障害福祉課長、老健局高齢者支援課長通知）を参照してく

ださい。

○　市町村や学校等関係機関と連携及び協力を図り、防災や防犯に関する訓練を実施するなど、地域におけるこどもの安全確保や安全点検に関する情報の共有に努める。

　防災や防犯に関する訓練については、保護者や学校、警察や消防、その他の地域の関係機関や地域組織等と連携して行う必要があります。また、必要に応じて学校や地域の関係機関や地域組織等が実施する避難訓練に放課後児童クラブが参加することも望まれます。

　避難場所、避難所開設時の運営方針、学校から放課後児童クラブに通う途中に災害が起きた場合の対応についても、あらかじめ作成している防災・防犯のための計画及びマニュアルに沿って確認し、それに沿った避難訓練を行うことが望まれます。

　また、地域におけるこどもの安全確保や安全点検に関する情報の収集と共有については、市町村や学校等の関係機関と連携して取り組むことが望まれます。災害や不審者・犯罪等の発生に関わる情報の入手と、情報を入手した後の取扱いと共有の手順についてもあらかじめ関係者及び関係機関間で取り決めておくことが望まれます。

○　災害等が発生した場合には、こどもの安全確保を最優先にし、災害等の状況に応じた適切な対応をとる。

　災害等の発生時には、こどもの安全確保を最優先にし、迅速に避難行動を起こすことが重要です。市町村やメディア等から情報を収集し、市町村や運営主体の責任者と連絡をとりながら、災害等の状況に応じた適切な避難行動や、保護者をはじめとする各所への連絡等の対応をとることが求められます。

第6章　施設及び設備、衛生管理及び安全対策

> ○　災害等が発生した際の対応については、その対応の仕方や業務継続
> 計画を事前に定めておくとともに、緊急時の連絡体制を整備して保護
> 者や学校と共有しておく。

　災害等発生時の開所・閉所の判断基準については、こどもの安全を最優先
に考えて、あらかじめ市町村と協議して放課後児童クラブとしての方針や業
務継続計画を事前に定め、その考え方や内容を連絡方法とともに保護者と共
有しておくことが必要です。基準第12条の2では、「放課後児童健全育成事
業所ごとに、感染症や非常災害の発生時において、利用者に対する支援の提
供を継続的に実施するための、及び非常時の体制で早期の業務再開を図るた
めの計画を策定し、当該業務継続計画に従い必要な措置を講ずるよう努めな
ければならない」とされています。業務継続計画については、放課後児童ク
ラブの運営主体が職員へ周知するとともに、定期的な研修・訓練を通じて理
解を徹底することも義務付けられています。

　放課後児童クラブの開所時間中に災害が発生した際には、こどもの安全確
保の後、保護者、運営主体の責任者、市町村、学校等に早急に連絡をとるこ
とができるよう、緊急時の連絡体制を整備し共有しておく必要があります。
同時に、電話がつながらないなどにより保護者との連絡が十分にとれない可
能性があることも考慮し、そのような状況下においても保護者がこどもの状
況を知ることができるように、安全確保の状況や避難場所等についての情報
を所定の場所に掲示し通知するなどの対応も必要です。

〈参考情報〉
　「児童福祉施設における業務継続ガイドライン」（令和4年3月31日 令
和3年度子ども・子育て支援推進調査研究事業「感染症等発生時の児童福
祉施設における業務継続の在り方に関する調査研究」）では、児童福祉施
設が非常時や緊急事態宣言などの制限下であっても継続的なサービスが求
められる施設であることに鑑み、業務継続計画を策定するに当たって配慮

すべき事項がまとめられています。放課後児童クラブにおける業務継続計画の策定に当たって参考にしてください。

○ 災害後の復旧・復興においては、放課後児童支援員等やこども、保護者が、被災によって生活状況が変化している場合があるため、市町村や関係機関と連携し、必要に応じて人的支援や専門的助言等を求めることを検討する。

　災害時等の非常時こそ、こどもの声を聴き、こどもの権利を守ることが必要になります。保護者が生活再建に向かう時、あるいは休校等により放課後児童クラブを利用する時間が長く続く時など、その時間をこども達がどこでどのように過ごすかは、後の復興に大きな意味を持ちます。特に被災をしたこども達にとっては、放課後児童クラブでの遊びや生活が日常を取り戻す一助ともなり得ます。放課後児童クラブは、市町村や関係機関との連携のもと、必要に応じて他自治体や専門機関の助けも取り入れながら、こどもの心情に寄り添った対応を行うことが求められます。

　なお、災害時には保護者や放課後児童支援員等の状況も変化している場合があります。放課後児童クラブの運営主体は、こどもの最善の利益を確保するため、支援者支援の観点から、外部支援の受入れの可能性や方法等をあらかじめ検討しておくことが求められます。

（4）来所及び帰宅時の安全確保

○ こどもの来所や帰宅の状況について、必要に応じて保護者や学校と連絡を取り合って安全を確保する。

　こどもの来所及び帰宅時の安全を確保するためには、放課後児童クラブがこどもの来所や帰宅の状況について保護者との連絡をもとに確実に把握していることが必要です。

第6章　施設及び設備、衛生管理及び安全対策

　保護者から欠席や遅刻の連絡がないまま来所しない場合には、速やかに保護者あるいは学校に連絡をとってこどもの居場所を確認します。また、保護者からこどもが予定の時刻に帰宅していないなどの連絡があった場合にも、速やかに対応できるようにすることが必要です。

　帰宅時のこどもの迎えがある場合には、基本的にいつ誰が迎えに来るのかを事前に確認しておく必要があります。そして、通常送迎している以外の者が迎えに来る場合には、そのことについて保護者からあらかじめ連絡を受けることを徹底し、迎えに来た者が確かに保護者から依頼された者であることを確認することが必要です。

　なお、このことについては、第3章1.（5）②でも解説しています。

○　**保護者と協力して、地域組織や関係機関等と連携した、安全確保のための見守り活動等の取り組みを行う。**

　こどもの来所及び帰宅時の安全確保に関しては、保護者にこどもの安全が確かめられる帰宅経路を設定するように伝えるとともに、放課後児童クラブもその帰宅経路を把握し、こどもが来所及び帰宅途中の安全に気を付けるように援助することが求められます。そして、自治会等の地域組織や警察をはじめとした関係機関等と連携、協力し、地域でこどもを見守るようにして、不審者情報の共有や安全確保のための見守り活動を強化していくことが求められます。日頃から放課後児童クラブの様子を地域組織や関係機関等に伝え、こどもの安全について話し合い、協力関係をつくっておくことが望まれます。

　なお、「放課後児童クラブ等への児童の来所・帰宅時における安全点検リスト」（平成30年7月11日子子発0711第1号・30生社協第4号厚生労働省子ども家庭局子育て支援課長、文部科学省生涯学習政策局社会教育課長事務取扱通知）が示されていますので、このリストに沿った取組の点検も望まれます。

> ○ 自動車を運行して送迎支援を行う場合は、こどもの乗車・降車の際
> に、視認に加え、点呼等で確実に所在を確認する。

　自動車を運行して送迎支援を行う場合は、点呼等を通じてこどもの所在を確実に確認し、安全を守らなければなりません。こどもを車両内に置き去りにすることのないよう、毎日使うことのできるチェックシート等を整備し、こどもの安全を確認する体制を整えることが必要です。また、他地域等の事例を含めたヒヤリ・ハットを共有すること、安全装置の装備、安全管理マニュアルを整備すること等の対応も望まれます。内閣官房・内閣府・文部科学省・厚生労働省が公表している「こどものバス送迎・安全徹底マニュアル」（令和４年10月）も参考にしながら、各放課後児童クラブにおいて取り得る安全対策について考え、実行することが求められます。

第7章　職場倫理及び事業内容の向上

第7章 ｜ 職場倫理及び事業内容の向上

　この章は、運営主体の責務と放課後児童支援員等の倫理意識の自覚、研修等の事業内容向上への取組内容を記述しています。「放課後児童クラブの社会的責任と職場倫理」では、こどもの人権への配慮や職員による虐待の禁止、守秘義務の遵守、事業内容の向上に向けた自己研鑽、社会的責任や公共性の自覚等を示しています。「要望及び苦情への対応」では、こどもや保護者等の意見や要望を受入れ、適切に対応する体制づくりの必要性を明らかにし、要望及び苦情への対応の基本的な事項を示しています。「事業内容向上への取り組み」では、事業内容を向上させるために運営主体と放課後児童支援員等が取り組むべき事項や研修等への参加、運営内容の評価と公表の必要性について記しています。

1．放課後児童クラブの社会的責任と職場倫理

> （1）放課後児童クラブには、社会的信頼を得て育成支援に取り組むことが求められる。また、放課後児童支援員等の言動はこどもや保護者に大きな影響を与えるため、放課後児童支援員等は、仕事を進める上での倫理を自覚して、育成支援の内容の向上に努めなければならない。

◇　放課後児童クラブの社会的責任

　放課後児童クラブは、その保護者が労働等により昼間家庭にいないこどもの放課後において、地域社会の中で育成支援を担う重要な役割を担っています。放課後児童クラブの運営主体は、その社会的な役割と責任を自覚し、家庭、学校、地域の関係機関や地域組織等からの信頼を得て、育成支援に取り組むことが求められます。

◇　放課後児童支援員等の職業倫理

　放課後児童支援員等は、利用するこどもや保護者に関わる様々な状況を知り得る立場にあり、その中には秘匿性の高い個人情報や守るべき秘密も含ま

201

れます。また、放課後児童支援員等の言動が、こどもや保護者の心理や生活に大きな影響を与える場合もあります。このため、放課後児童支援員等には、こどもや保護者の人権について十分に配慮し、守秘義務の徹底や個人情報の保護等に取り組むことが必要です。

中でも放課後児童支援員には、その職務の遂行に当たって放課後児童支援員としての資格に基づく職業上の倫理（以下「職業倫理」という。）を守ることが求められます。このことについては、こども家庭庁の通知「職員の資質向上・人材確保等研修事業の実施について」別添5「放課後児童支援員等研修事業実施要綱」の定めにより、放課後児童支援員としての信用失墜行為を行った場合等には、当該者について認定を取り消すことができるとされています。また、補助員についても、放課後児童支援員に求められる職業倫理を同様に遵守することが求められます。

〈参考情報〉　　　　　放課後児童支援員等の職業倫理

放課後児童クラブ等に携わるものが自主的に明らかにしている職業倫理としては、平成25年12月に全国児童厚生員研究協議会が発表した「児童厚生員・放課後児童指導員の倫理綱領」が参考になります。

「児童厚生員・放課後児童指導員の倫理綱領」（全国児童厚生員研究協議会 平成25年12月15日第13回全国児童館・児童クラブ大会・東北復興支援フォーラムにて採択）より

私たちは、児童館・放課後児童クラブが、児童福祉法の理念を地域社会の中で具現化する児童福祉施設・事業であることを明言する。

私たちは、児童館・放課後児童クラブの仕事が、地域における子どもの最善の利益を守る援助者として専門的資質を要する職業となることを強く希求する。

そのため、私たちはここに倫理綱領を定め、豊かな人間性と専門性を保持・向上することに努め、専門職者の自覚と誇りをもってその職責をまっとうすることを宣言する。

1．私たちは、子どもの安心・安全を守って、その最善の利益を図り、児童福祉の増進に努めます。

2．私たちは、子どもの人権を尊重し個性に配慮して、一人ひとりの支援を行います。

3．私たちは、身体的・精神的苦痛を与える行為から子どもを守ります。

4．私たちは、保護者に子どもの様子を客観的かつ継続的に伝え、保護者の気持ちに寄り添って、信頼関係を築くように努めます。

5．私たちは、地域の健全育成に携わる人々・関係機関と連携を図り、信頼関係を築くように努めます。

6．私たちは、事業にかかわる個人情報を適切に保護（管理）し、守秘義務を果たします。

7．私たちは、子どもの福祉増進のために必要な情報を公開し、説明責任を果たします。

8．私たちは、互いの資質を向上させるために協力して研さんに努め、建設的に職務を進めます。

9．私たちは、地域において子育ての支援に携わる大人として人間性と専門性の向上に努め、子どもたちの見本となることを目指します。

（2）放課後児童クラブの運営主体は、法令を遵守するとともに、次の事項を明文化して、すべての放課後児童支援員等が職場倫理を自覚して職務に当たるように組織的に取り組む。

◇　**法令遵守の必要性**

放課後児童クラブの運営主体は、運営に際して法令遵守を徹底する必要が

あります。その際には、法令に違反しないように業務を行うだけでなく、法令の背景にある精神までしっかりと理解し、事業の社会的責任を自覚して業務を行うことが重要です。

　そして、放課後児童クラブの運営主体が守るべき法令遵守の対象には、育成支援の内容に関することのほか、放課後児童クラブで働く職員等の職場環境や運営主体の財政・事業運営に関すること等も含まれます。

◇　「職場倫理」とは

　放課後児童クラブの運営主体は、そこで働く全職員に求められる倫理（以下「職場倫理」という。）を明示し、全職員がこれを自覚して職務に当たるように組織的に取り組む必要があります。放課後児童クラブの職場倫理は、前述した放課後児童支援員に求められる「職業倫理」が基本になるものです。そして、放課後児童支援員のほかに補助員、アルバイト職員、ボランティア等、放課後児童クラブで働き、育成支援に関わる全職員が共通に守るべきものとして位置付けられます。

　職場倫理は、「運営主体の指示があるから」「法律や社会的な道徳に規制されているから」という受け身の考えだけで理解すると、実際の場面では行き詰まってしまうことがあります。守るべき職場倫理についての共通理解があること、そのことを支えにして一人ひとりが自主的に考えること、職場倫理を支えにして協力し合うことが職員一人ひとりの資質向上と育成支援の充実に役立つことを確かめた上で職務に当たることが求められます。

〈コラム〉　　　　　　　　　職場倫理の共有や遵守

　運営主体には、職員等が守るべき職場倫理を具体的に明文化し、それを研修等で共有の上、遵守状況を確認するなどの取組が求められます。そのための取組の例としては下記のようなものが挙げられます。

- 運営主体自身が学習し、職業としての倫理・法令とその理由を併せて知る。
- 運営主体が率先して、倫理・法令遵守を履行する行動を評価する職場環境をつくる。
- 放課後児童クラブを実施しているすべての事業所・職場で、倫理・法令を守ることを表明する（明文化して職場に掲示する、全職員に配布するなど）。
- 倫理・法令を守るためには心構えだけではなく技量・技術を身に付ける必要があることを明らかにして、研修や事例検討による学習を行う。
- 定期的に事業と育成支援の内容を振り返る機会を設けるなどして、倫理・法令の遵守状況を継続して確認できるようにする。

○　こどもや保護者の人権に十分配慮するとともに、一人ひとりの人格を尊重する。

　放課後児童クラブの運営主体及び放課後児童支援員等は、児童福祉法やこども基本法、児童の権利に関する条約、障害者の権利に関する条約等において規定されているこどもの人権を尊重することについて理解した上で、こどもや保護者の人権に十分配慮し、一人ひとりの人格を尊重して事業の運営と日々の職務に当たらなければなりません。

○　児童虐待等のこどもの心身に有害な影響を与える行為を禁止する。また、事業所内で児童虐待等が行われた際の対応について定める。

　放課後児童支援員等は、こどもの最善の利益を考慮して育成支援を行うように努めなければなりません。そして、こどもが、放課後児童クラブを「安心して通い続けられる場」「自分を守ってくれる場」と認識して通えるようにすることが求められます。

　育成支援の場における虐待等のこどもの心身に有害な影響を与える行為は

決して許されません。このことについて、基準第12条では、「放課後児童健全育成事業者の職員は、利用者に対し、法第三十三条の十各号に掲げる行為その他当該利用者の心身に有害な影響を与える行為をしてはならない」とされています。自治体及び放課後児童クラブの運営主体は、地域の実情を踏まえながら、放課後児童クラブ内で児童虐待等や児童虐待等と疑われる事案があった場合の対応について定め、職員間で周知徹底することが求められます。「保育所等における虐待等の防止及び発生時の対応等に関するガイドライン」（令和5年5月こども家庭庁）では、保育所等や自治体にそれぞれ求められる事項等が整理されていますので、参考にしてください。

　なお、児童福祉法第33条の10第1項第3号の条文中の「生活を共にする他の児童による前二号又は次号に掲げる行為の放置」とは、放課後児童クラブ内のこどもによる特定のこどもに対するいじめを放置すること等を指します。職員には、こどもの人権や尊厳を守る責務があり、これらの行為も職員のこどもに対する保護の怠慢・ネグレクトといういわゆる虐待に該当することにも留意する必要があります。

〈関連法令・通知等〉

児童福祉法（昭和22年法律第164号）より

（第7節　被措置児童等虐待の防止等）
第33条の10　この法律で、被措置児童等虐待とは、小規模住居型児童養育
　　　事業に従事する者、里親若しくはその同居人、乳児院、児童養護施設、
　　　障害児入所施設、児童心理治療施設若しくは児童自立支援施設の長、
　　　その職員その他の従業者、指定発達支援医療機関の管理者その他の従
　　　業者、第12条の4に規定する児童を一時保護する施設を設けている児
　　　童相談所の所長、当該施設の職員その他の従業者又は第33条第1項若
　　　しくは第2項の委託を受けて児童の一時保護を行う業務に従事する者
　　　（以下「施設職員等」と総称する。）が、委託された児童、入所する児

童又は一時保護が行われた児童（以下「被措置児童等」という。）について行う次に掲げる行為をいう。

一　被措置児童等の身体に外傷が生じ、又は生じるおそれのある暴行を加えること。

二　被措置児童等にわいせつな行為をすること又は被措置児童等をしてわいせつな行為をさせること。

三　被措置児童等の心身の正常な発達を妨げるような著しい減食又は長時間の放置、同居人若しくは生活を共にする他の児童による前2号又は次号に掲げる行為の放置その他の施設職員等としての養育又は業務を著しく怠ること。

四　被措置児童等に対する著しい暴言又は著しく拒絶的な対応その他の被措置児童等に著しい心理的外傷を与える言動を行うこと。

○　国籍、信条又は社会的な身分による差別的な扱いを禁止する。

　放課後児童クラブは、基準第11条や児童の権利に関する条約第2条の規定に基づき、その運営や育成支援に当たって、こどもや保護者に、国籍、信条又は社会的な身分による差別的な扱いをしてはなりません。

○　守秘義務を遵守する。
○　関係法令に基づき個人情報を適切に取り扱い、プライバシーを保護する。

　放課後児童クラブの運営主体及び放課後児童支援員等は、こどもの育成支援に当たってこどもや保護者等から様々な個人情報や秘密を知り得る立場にあります。そのため、個人情報は厳重に管理し、慎重に取り扱う必要があります。個人情報として保護されるべきものには、個々のこどもや保護者の氏名や住所、電話番号等のほか、こどもや保護者の写真等も含まれ得ることに留意が必要です。

また、職員は、運営や育成支援に当たって知り得たこどもや家庭の様々な事情等に関する秘密については、正当な理由がない限り守秘義務があります。守秘義務は職員の退職後も適用されるべきものであり、運営主体は、文書を取り交わすなどの必要な措置により、秘密保持の遵守について確認しておく必要があります。

　個人情報保護法において、個人情報は「個人の人格尊重の理念の下に慎重に取り扱われるべき」ものとされています。そして、基準第16条では、「放課後児童健全育成事業者の職員は、正当な理由がなく、その業務上知り得た利用者又はその家族の秘密を漏らしてはならない」「放課後児童健全育成事業者は、職員であった者が、正当な理由がなく、その業務上知り得た利用者又はその家族の秘密を漏らすことがないよう、必要な措置を講じなければならない」と職員の守秘義務とこれに関する運営主体の責務について定められています。

　これらを踏まえ、関係機関等との連携や保護者同士の交流等に当たって情報共有あるいは公開する場合には、個人情報保護や守秘義務の規定に抵触しないよう、情報の取扱いに配慮することが必要です。

　なお、要支援児童等と思われる者を把握した場合に市町村へ情報提供すること及び児童虐待が疑われるこどもの個人情報を児童相談所等に伝えることは、児童福祉法第21条の10の5第2項及び児童虐待防止法第6条第3項に基づき、秘密漏えいや守秘義務違反に当たらないとされています。

〈参考情報〉　　　　　　「個人情報」と「守秘義務」

　保護の対象となる個人情報とは、生存する個人に関する情報であって、当該情報に含まれる氏名、生年月日その他の記述等により特定の個人を識別することができるもの（他の情報と容易に照合することができ、それにより特定の個人を識別することができることとなるものを含む。）又は個人識別符号が含まれるものを指します。

第7章　職場倫理及び事業内容の向上

　個人情報を取り扱う必要がある事業者（個人情報取扱事業者）は、「個人情報を取り扱うに当たっては、その利用の目的をできる限り特定しなければならない」「利用目的を変更する場合には、変更前の利用目的と関連性を有すると合理的に認められる範囲を超えて行ってはならない」「あらかじめ本人の同意を得ないで、前条の規定により特定された利用目的の達成に必要な範囲を超えて、個人情報を取り扱ってはならない」と個人情報保護法で定められています。（第17条、第18条）

　放課後児童クラブの運営や育成支援に当たって知り得た個人情報を適切に管理し、守秘義務を遵守するためには、個人情報が何を指すのか、どのような場合に守秘義務が生じるのかを理解した上で、具体的な措置を検討する必要があります。以下の例を参考に、取組を進めましょう。

〈個人情報管理や守秘義務の遵守のための措置の取組の具体例〉
●個人情報に該当する情報、守秘義務の対象となる事項を明らかにしておく。
●全職員と、守秘義務に関する誓約書を取り交わす（採用時、退職時等）。
●児童名簿、児童票、育成支援の記録等の保管場所を特定し施錠するなどの管理をする。
●パソコンやデジタルカメラ等の電子機器・媒体や育成支援の様子を記録したファイル・動画・写真等について、持ち出しを禁止するなどして、データが外部に流出しないようにする。
●放課後児童クラブとして、秘密保持に関して定期的にセルフチェックを含めた確認を行う。

○　保護者に誠実に対応し、信頼関係を構築する。

　放課後児童支援員等には、放課後児童クラブにおけるこどもの様子を保護者に伝えるなど、日々の保護者とのやりとりにおいては誠実に対応し、保護者に安心感を与え、信頼を得るように努めることが望まれます。

209

○ 放課後児童支援員等が相互に協力し、研鑽を積みながら、事業内容の向上に努める。

　放課後児童支援員は、豊かな人間性と倫理観を備え、常に自己研鑽に励みながら必要な知識及び技能を持って育成支援に当たる役割を担います。補助員についても、同様の役割を担うよう努めることが求められます。放課後児童支援員等各人が役割を自覚して日々自己研鑽に励み、相互に協力して育成支援に当たることで、事業内容の向上に努めることが求められます。

○ 事業の社会的責任や公共性を自覚する。

　放課後児童健全育成事業（放課後児童クラブ）は、地域社会の中で子育てについて重要な役割と責任を担っている事業です。また、放課後児童クラブに通うこどもは放課後の多くの時間を放課後児童クラブで過ごすことから、こどもの放課後の生活の面から見ても大切な役割を担っているといえます。放課後児童クラブの運営主体や放課後児童支援員等には、放課後児童クラブが有する社会的責任や公共性について十分に自覚し、事業の運営や育成支援に取り組んでいくことが求められます。

第7章 職場倫理及び事業内容の向上

２．要望及び苦情への対応

（１）要望や苦情を受け付ける窓口を設置し、こどもや保護者等に周知する。

　放課後児童クラブでは、こどもや保護者、地域住民等からの要望や苦情があった時、それをどこに相談すればよいかを示しておく必要があります。要望や苦情の受付担当者を決め、そのことを放課後児童クラブ内に掲示する、通信等に掲載するなどにより、こどもや保護者等に知らせておくことが求められます。

　基準第17条第１項では、放課後児童クラブの運営主体には、「その行った支援に関する利用者又はその保護者等からの苦情に迅速かつ適切に対応するために、苦情を受け付けるための窓口を設置する等の必要な措置を講じなければならない」とされています。

　なお、こどもや保護者等が要望や苦情を述べやすいようにするためには、日頃からこどもや保護者等が放課後児童支援員等に遠慮なく話せるような関係づくりに努めることが求められます。

（２）苦情対応については、市町村と放課後児童クラブの運営主体が連携して、苦情解決責任者、苦情受付担当者、第三者委員の設置や、解決に向けた手順の整理等を行い、その仕組みについてこどもや保護者等にあらかじめ周知する。

　放課後児童クラブの運営主体には、こどもや保護者等から寄せられた苦情に的確に対応することができるように、市町村と連携して苦情の解決に向けた手順を整理して、こどもや保護者等に周知するよう取り組むことが求められます。

　社会福祉法第82条では、「社会福祉事業の経営者は、常に、その提供する福祉サービスについて、利用者等からの苦情の適切な解決に努めなければならない」と、苦情解決の努力義務が定められています。

　更に、社会福祉事業における苦情解決の体制や手順等については、「「社会

211

福祉事業の経営者による福祉サービスに関する苦情解決の仕組みの指針について」の一部改正について」（平成29年3月7日雇児発0307第1号・社援発0307第6号・老発0307第42号厚生労働省雇用均等・児童家庭局長、社会・援護局長、老健局長通知。以下「苦情解決指針」という。）で具体的に示されています。

　苦情解決指針では、苦情を一定のルール・体制の下で適切に解決するため、①苦情解決責任者、②苦情受付担当者、③第三者委員からなる苦情解決体制を構築するとともに、苦情解決の手順を整備すべきことが示されています。放課後児童クラブにおいてもこの指針に則って苦情解決の手順と仕組みを整備し、利用者への周知、苦情の受付、報告及び確認、苦情解決に向けての話合い、苦情解決の記録及び報告、解決結果の公表に取り組むことが求められます。

　なお、利用者からの苦情等について運営主体が独自で解決できない時に、中立的な立場から解決に向けた仲介をする「運営適正化委員会」（都道府県社会福祉協議会に設置）があります。

〈参考情報〉　　　　　　　　苦情解決の手順

「「社会福祉事業の経営者による福祉サービスに関する苦情解決の仕組みの指針について」の一部改正について」（平成29年3月7日雇児発0307第1号・社援発0307第6号・老発0307第42号厚生労働省雇用均等・児童家庭局長、社会・援護局長、老健局長通知）より

　以下に、「社会福祉事業の経営者による福祉サービスに関する苦情解決の仕組みの指針」を要約しました。こどもや保護者等からの苦情解決の体制や手順等を定める際の参考にしてください。

第7章　職場倫理及び事業内容の向上

①利用者への周知	施設内への掲示、パンフレットの配布等により、苦情解決責任者は、利用者に対して、苦情解決責任者、苦情受付担当者及び第三者委員の氏名・連絡先や、苦情解決の仕組みについて周知する。
②苦情の受付	○苦情受付担当者は、利用者等からの苦情を随時受け付ける。なお、第三者委員も直接苦情を受け付けることができる。 ○苦情受付担当者は、利用者からの苦情受付に際し、次の事項を書面に記録し、その内容について苦情申出人に確認する。 　ア．苦情の内容 　イ．苦情申出人の希望等 　ウ．第三者委員への報告の要否 　エ．苦情申出人と苦情解決責任者の話合いへの第三者委員の助言、立会いの要否 ○ウ及びエが不要な場合は、苦情申出人と苦情解決責任者の話合いによる解決を図る。
③苦情受付の報告・確認	○苦情受付担当者は、受け付けた苦情はすべて苦情解決責任者及び第三者委員に報告する。ただし、苦情申出人が第三者委員への報告を明確に拒否する意思表示をした場合を除く。 ○投書等匿名の苦情については、第三者委員に報告し、必要な対応を行う。 ○第三者委員は、苦情受付担当者から苦情内容の報告を受けた場合は、内容を確認するとともに、苦情申出人に対して報告を受けた旨を通知する。
④苦情解決に向けての話合い	○苦情解決責任者は苦情申出人との話合いによる解決に努める。その際、苦情申出人又は苦情解決責任者は、必要に応じて第三者委員の助言を求めることができる。 ○第三者委員の立会いによる苦情申出人と苦情解決責任者の話合いは、次により行う。 　ア．第三者委員による苦情内容の確認 　イ．第三者委員による解決案の調整、助言 　ウ．話合いの結果や改善事項等の書面での記録と確認

④苦情解決に向けての話合い	なお、苦情解決責任者も第三者委員の立会いを要請することができる。
⑤苦情解決の記録、報告	苦情解決や改善を重ねることにより、サービスの質が高まり、運営の適正化が確保される。これらを実効あるものとするため、記録と報告を積み重ねるようにする。 ア．苦情受付担当者は、苦情受付から解決・改善までの経過と結果について書面に記録をする。 イ．苦情解決責任者は、一定期間ごとに苦情解決結果について第三者委員に報告し、必要な助言を受ける。 ウ．苦情解決責任者は、苦情申出人に改善を約束した事項について、苦情申出人及び第三者委員に対して、一定期間経過後、報告する。
⑥解決結果の公表	利用者によるサービスの選択や事業者によるサービスの質や信頼性の向上を図るため、個人情報に関するものを除き、インターネットを活用した方法のほか、「事業報告書」や「広報誌」等に実績を掲載し、公表する。

（3）こどもや保護者等からの要望や苦情に対しては、迅速かつ適切に、誠意を持って対応する。

　放課後児童クラブの運営主体及び放課後児童支援員等は、要望や苦情への対応を通して、自らの事業運営や育成支援の内容、こどもや保護者等への対応を謙虚に振り返って改善すべき課題に取り組み、誠実に対応していくことが求められます。また、要望や苦情への対応に当たっては、迅速かつ適切に解決が図られる必要がありますので、対応の仕組みを構築する必要があります。

　要望や苦情は、保護者からだけではなく、放課後児童クラブを利用しているこどもから寄せられることも考えられます。特に苦情への対応については、その対応がこどもや保護者等とのその後の信頼関係を左右するものであ

第7章　職場倫理及び事業内容の向上

るといっても過言ではありません。放課後児童支援員等には、こどもからの要望や苦情も保護者からの要望や苦情と同様に、誠実に対応することが求められます。

（4）要望や苦情については、その内容や対応について職員間で共有することにより、事業内容の向上に生かす。

　こどもや保護者からの要望や苦情には、事業内容の向上に向けたヒントが隠されています。要望や苦情は、その対応の過程において、自らの育成支援の内容を見直し、改善すべき課題を見つけて事業内容の向上を図っていくために欠かすことのできないものと捉え、誠実に対応することが求められます。

　要望や苦情の内容や対応の経過については、それらを記録し、職員会議等で共有し、事業内容の向上に生かすことが望まれます。また、そうした改善に向けた方向性や努力については、要望や苦情を示した保護者等にも説明し、理解を求めていくことも必要です。

3．事業内容向上への取り組み

（1）職員集団のあり方

○　放課後児童支援員等は、会議の開催や記録の作成等を通じた情報交換や情報共有を図り、事例検討を行うなど相互に協力して自己研鑽に励み、事業内容の向上を目指す職員集団を形成する。

○　放課後児童支援員等は、こどもや保護者を取り巻くさまざまな状況に関心を持ち、育成支援に当たっての課題等について建設的な意見交換を行うことにより、事業内容を向上させるように努める。

　放課後児童クラブでは、こどもが室内や屋外等様々な場所に分かれて過ごすことがありますし、同じ場所の中で遊びと宿題、自習等の学習活動等、いくつかの活動が並行して行われることもあります。そのため、放課後児童支援員等は、役割や場所を分担してこどもに関わることが多くあります。また、こどものことについて一人ひとりの放課後児童支援員等が気付くことや、育成支援の中で抱く迷いや悩み等は、それぞれに異なっていることが多いものです。これらのことから、放課後児童クラブの育成支援は、こどもの様子や出来事を伝え合いながら行うことが求められます。

　放課後児童支援員等は、育成支援の中での連携（申し送りや引継ぎ、分担等）を効果的に行うとともに、会議（開始・終了時の打合せや定例会議等）の開催や記録（業務記録・育成支援の記録）の作成等を通じて情報交換や情報共有を図ることが求められます。また、事例検討を行うなどして、相互に協力して日々研鑽に励むことも必要です。

　放課後児童クラブの運営主体には、事業運営に当たって、放課後児童支援員等が育成支援に必要な会議の開催や記録の作成、事例検討が行えるような体制をつくることが求められます。

第7章　職場倫理及び事業内容の向上

（2）研修等

> ○　放課後児童クラブの運営主体は、放課後児童支援員等のための職場内での教育訓練や研修のみならず、職場を離れての研修の機会を確保し、その参加を保障する必要がある。その際、放課後児童支援員等の経験やこどもの意見、ニーズに応じた研修内容にも配慮すること。
> ○　放課後児童支援員等は、研修等を通じて、必要な知識及び技能の習得、維持及び向上に努める。

◇　研修等の機会の確保

　放課後児童クラブの運営主体には、事業内容の向上を図るため、職場内外の様々な機会を捉えて、放課後児童支援員等の資質向上を図るための教育訓練や研修等の機会を充実させ、参加を保障することが求められます。この研修には、運営主体あるいは各放課後児童クラブが実施する研修のほか、外部研修への参加や他の放課後児童クラブ等との交流研修も含まれます。

　研修等の機会の確保については、事例検討会、外部講師を招いての勉強会、他の放課後児童クラブ等との交流研修等、様々な形態が考えられます。放課後児童支援員等の意見やニーズを把握しながら、様々な研修等の機会を工夫していくことが望まれます。その際には、放課後児童支援員等の経験年数・知識の習得状況に応じて階層別の研修を用意したり、こどもの意見・ニーズをもとに研修内容を検討するなどの配慮が求められます。研修等の日程や内容を積極的に放課後児童支援員等に伝え、参加を促すことも求められます。

◇　研修等を通じた知識及び技能の習得、維持及び向上

　研修等は、参加する放課後児童支援員等にとって貴重な学びの機会であるだけでなく、放課後児童クラブにとっても新たな知識や視点を職場に取り入れ、日々の実践を振り返る貴重な機会となります。そのため、放課後児童支援員等には、研修等に積極的に参加し、知識及び技能の習得、維持及び向上に努めることが望まれます。また、研修等に参加した放課後児童支援員等が、

研修参加後にその内容を職場内で伝達するなどして、学んできた知識や技能を職場内で共有することで、職場全体の知識及び技能の向上が期待できます。

　なお、研修内容等については、厚生労働省の「放課後児童クラブの質の向上のための研修企画検討会」において作成した「放課後児童クラブに従事する者の研修体系の整理」（平成27年3月24日）やこども家庭庁の通知「職員の資質向上・人材確保等研修事業の実施について」別添5「放課後児童支援員等研修事業実施要綱」が参考となります。

○　放課後児童クラブの運営主体には、職員が自発的、継続的に研修に参加できるように、研修受講計画を策定し、管理するなどの環境を整備していくとともに、職員の自己研鑽、自己啓発への時間的、経済的な支援や情報提供も含めて取り組んでいくことが求められる。

◇　放課後児童支援員等が学び続けられる環境の整備

　放課後児童クラブにおける育成支援の質の向上のためには、放課後児童支援員等が継続して自ら学び続けられる環境を整備することが重要です。そのため、運営主体には放課後児童支援員等が日々の業務における経験から学び、自己研鑽に励むことを促進することと併せて、日々の業務以外の場においても学習を積み重ねるために研修等への参加や自己啓発活動を支援することが求められます。

◇　研修計画の策定

　事業運営の中に研修を計画的に組み込んでいけるように、年度単位等で放課後児童クラブとしての研修計画を定め、年間事業計画の中に明確に位置付けるとともに、放課後児童支援員等の間で共有することが望まれます。

　また、個々の放課後児童支援員等についても計画的な学びを実現し、学ぶ意欲を向上させる観点から、個別の研修受講計画を作成することが望まれます。放課後児童クラブの運営の責任者等が個々の放課後児童支援員等の知識や技能の状況や関心について把握し、互いに話し合いながら計画を立ててい

第7章　職場倫理及び事業内容の向上

くことが望ましいといえます。

◇　研修に参加しやすい環境の整備や自己研鑽、自己啓発への支援

　研修等への参加の保障に関しては、それを実現できる職員体制や労働環境の整備に取り組むことも必要とされます。

　また、直接的に研修に派遣するだけでなく、放課後児童支援員等個々が自ら行う自己研鑽のための取組についても情報提供等を含めて奨励し、そのための活動時間の確保や活動に係る経費補助等の形で支援していくことも考えられます。

（3）運営内容の評価と改善

○　放課後児童クラブの運営主体は、その運営の内容について自己評価を行い、その結果を公表するように努める。評価を行う際には、こどもや保護者の意見を取り入れて行うことが求められる。

○　放課後児童クラブの運営主体は、福祉サービス第三者評価制度等を活用するなど、客観的な評価を他者から受けることにより、事業の質の向上につなげる。評価を行う際には、こどもや保護者の意見を取り入れて行うことについて、評価機関等と実施方法について調整する。

○　自己評価、第三者評価の結果については、公表するとともに、職員間で共有し、改善の方向性を検討して事業内容の向上に生かす。

◇　運営内容の自己評価・第三者評価の実施と結果の公表の意義

　放課後児童クラブでは、放課後児童クラブを利用するこどもやその保護者に運営内容を説明し、理解や協力を得ながら、育成支援を行うことが必要です。そのために、放課後児童クラブの運営主体は、その運営の内容についての自己評価を行い、その結果をもとに放課後児童支援員等と話し合って事業の改善を図るとともに、結果を公表することを通じて、放課後児童クラブが何にどのように取り組んでいるのかを明らかにすることが求められます。

自己評価・第三者評価の実施により、放課後児童クラブの良さや課題が明らかになります。また、改善に向けた具体的な対応事項を見定めることができます。自己評価・第三者評価を活用して運営内容の改善を図り、その過程を含めて対外的な説明責任を果たすことが、事業運営や育成支援の内容に対するこどもや保護者、地域、関係機関の信頼を高めることにつながります。

◇　自己評価の方法と内容

　自己評価は、放課後児童クラブの年間事業計画の中に位置付け、評価の実施、結果の分析と改善方策の検討、評価結果の公表のスケジュールを計画し、組織的に取り組むことが望まれます。

　運営の内容についての自己評価には、事業運営についての評価と育成支援についての評価が含まれます。

　事業運営についての評価は、運営の内容を多面的な観点から行うように努め、客観的に把握し根拠を示すことができる情報や資料に基づいて実施することが望まれます。

　育成支援についての評価は、放課後児童支援員等による育成支援の内容についての振り返り及びまとめに基づいて行うものです。育成支援の計画や記録をもとに、放課後児童支援員等がこどもへの関わり、遊びや生活の様子等について整理した内容を踏まえ、運営主体と放課後児童支援員等との話合いを通じて行うことが望まれます。

　自己評価を行うに当たっては、放課後児童クラブに期待されている役割や機能に即してこどもや保護者のニーズを把握し、地域の実情や放課後児童クラブの実態に応じて、評価の観点や項目を検討する必要があります。評価の観点や項目は、運営指針の項目等を参考にしながら、放課後児童支援員等の間で十分に話し合い、こどもや保護者等の意見も取り入れて設定することが望まれます。また、自己評価の項目として、年度の途中退所率等の客観的に数値で確認できるものや、こどもや保護者等からのアンケート結果等から判断できるものを組み込むことも望まれます。この検討の過程は、放課後児童支援員等の間で現状の課題と改善の方向性を共有する過程ともなります。

第7章　職場倫理及び事業内容の向上

◇　第三者評価の導入

　第三者評価は、放課後児童クラブ運営主体や放課後児童クラブが、事業運営における問題点を第三者の目線で把握し、運営内容の質の向上に結び付けるため実施するものです。第三者評価制度を主体的に活用し、こどもや保護者のために、事業運営や育成支援の質の向上を図っていくことが大切です。

　自己評価と第三者評価は、相互補完的な関係にあります。第三者評価を受ける際には、まず自己評価を行い、その結果をもとにしながら第三者評価を行います。これにより、自己評価では気付かない放課後児童クラブの課題や改善点に気付くことができます。また、自己評価を通じて認識していながら改善できていない課題についても、第三者の目が入ることを契機に取組が後押しされることも考えられます。

◇　自己評価・第三者評価結果の公表と活用

　自己評価や第三者評価結果の公表の方法としては、通信や掲示版への掲示、ホームページの利用等、様々な方法が考えられます。評価結果のどの部分をどのように公表するのかについては、各放課後児童クラブの運営主体の判断に委ねられますが、保護者や地域との対話や理解を深める上で役立つ内容となるように工夫することが求められます。

　自己評価・第三者評価の結果については、その結果の意味合いやそこから見出される改善点や課題について話し合い、事業内容の向上に生かしていくことが必要です。

〈参考情報〉

　自己評価については、こども家庭庁のホームページにおいて、自己評価（自己チェック）の考え方とツール、チェックリスト等が公開されています。

　第三者評価については、社会福祉法人全国社会福祉協議会のホームページで「放課後児童クラブ第三者評価基準ガイドライン」（令和3年3月29

日子発0329第 8 号、社援発0329第36号厚生労働省子ども家庭局長、厚生労働省社会・援護局長通知）が公開されています。また、各都道府県の第三者評価推進組織において評価項目や判断基準が策定され、公開されています。

付　録

1. 児童福祉法

2. 放課後児童健全育成事業の設備及び運営に
　関する基準

3. 「放課後児童健全育成事業の設備及び運営に
　関する基準」関係通知

4. 放課後児童クラブ運営指針の改正について
　（通知）

児童福祉法

（昭和二十二年十二月十二日法律第百六十四号）

最終改正：令和四年六月八日法律第六十六号

第一章　総則

　第二節　定義

第六条の三

②　この法律で、放課後児童健全育成事業とは、小学校に就学している児童であつて、その保護者が労働等により昼間家庭にいないものに、授業の終了後に児童厚生施設等の施設を利用して適切な遊び及び生活の場を与えて、その健全な育成を図る事業をいう。

第三章　事業、養育里親及び養子縁組里親並びに施設

第三十四条の八の二　市町村は、放課後児童健全育成事業の設備及び運営について、条例で基準を定めなければならない。この場合において、その基準は、児童の身体的、精神的及び社会的な発達のために必要な水準を確保するものでなければならない。

②　市町村が前項の条例を定めるに当たつては、内閣府令で定める基準を参酌するものとする。

③　放課後児童健全育成事業を行う者は、第一項の基準を遵守しなければならない。

付録

放課後児童健全育成事業の設備及び運営に関する基準
（平成二十六年厚生労働省令第六十三号）

最終改正：令和五年三月三十一日厚生労働省令第四十八号

（趣旨）
第一条　この府令は、児童福祉法（昭和二十二年法律第百六十四号。以下「法」という。）第三十四条の八の二第二項の放課後児童健全育成事業の設備及び運営に関する基準（以下「設備運営基準」という。）を市町村（特別区を含む。以下同じ。）が条例で定めるに当たって参酌すべき基準を定めるものとする。
2　設備運営基準は、市町村長（特別区の区長を含む。以下同じ。）の監督に属する放課後児童健全育成事業を利用している児童（以下「利用者」という。）が、明るくて、衛生的な環境において、素養があり、かつ、適切な訓練を受けた職員の支援により、心身ともに健やかに育成されることを保障するものとする。
3　内閣総理大臣は、設備運営基準を常に向上させるように努めるものとする。

（最低基準の目的）
第二条　法第三十四条の八の二第一項の規定により市町村が条例で定める基準（以下「最低基準」という。）は、利用者が、明るくて、衛生的な環境において、素養があり、かつ、適切な訓練を受けた職員の支援により、心身ともに健やかに育成されることを保障するものとする。

（最低基準の向上）
第三条　市町村長は、その管理に属する法第八条第四項に規定する市町村児童福祉審議会を設置している場合にあってはその意見を、その他の場合にあっては児童の保護者その他児童福祉に係る当事者の意見を聴き、その監督に属する放課後児童健全育成事業を行う者（以下「放課後児童健全育成事業者」という。）に対し、最低基準を超えて、その設備及び運営を向上させるように勧告することができる。
2　市町村は、最低基準を常に向上させるように努めるものとする。

（最低基準と放課後児童健全育成事業者）
第四条　放課後児童健全育成事業者は、最低基準を超えて、常に、その設備及び運営を向上させなければならない。
2　最低基準を超えて、設備を有し、又は運営をしている放課後児童健全育成事業者においては、最低基準を理由として、その設備又は運営を低下させてはならない。

225

（放課後児童健全育成事業の一般原則）

第五条　放課後児童健全育成事業における支援は、小学校に就学している児童であって、その保護者が労働等により昼間家庭にいないものにつき、家庭、地域等との連携の下、発達段階に応じた主体的な遊びや生活が可能となるよう、当該児童の自主性、社会性及び創造性の向上、基本的な生活習慣の確立等を図り、もって当該児童の健全な育成を図ることを目的として行われなければならない。

2　放課後児童健全育成事業者は、利用者の人権に十分配慮するとともに、一人一人の人格を尊重して、その運営を行わなければならない。

3　放課後児童健全育成事業者は、地域社会との交流及び連携を図り、児童の保護者及び地域社会に対し、当該放課後児童健全育成事業者が行う放課後児童健全育成事業の運営の内容を適切に説明するよう努めなければならない。

4　放課後児童健全育成事業者は、その運営の内容について、自ら評価を行い、その結果を公表するよう努めなければならない。

5　放課後児童健全育成事業を行う場所（以下「放課後児童健全育成事業所」という。）の構造設備は、採光、換気等利用者の保健衛生及び利用者に対する危害防止に十分な考慮を払って設けられなければならない。

（放課後児童健全育成事業者と非常災害対策）

第六条　放課後児童健全育成事業者は、軽便消火器等の消火用具、非常口その他非常災害に必要な設備を設けるとともに、非常災害に対する具体的計画を立て、これに対する不断の注意と訓練をするように努めなければならない。

2　前項の訓練のうち、避難及び消火に対する訓練は、定期的にこれを行わなければならない。

（安全計画の策定等）

第六条の二　放課後児童健全育成事業者は、利用者の安全の確保を図るため、放課後児童健全育成事業所ごとに、当該放課後児童健全育成事業所の設備の安全点検、職員、利用者等に対する事業所外での活動、取組等を含めた放課後児童健全育成事業所での生活その他の日常生活における安全に関する指導、職員の研修及び訓練その他放課後児童健全育成事業所における安全に関する事項についての計画（以下この条において「安全計画」という。）を策定し、当該安全計画に従い必要な措置を講じなければならない。

2　放課後児童健全育成事業者は、職員に対し、安全計画について周知するとともに、前項の研修及び訓練を定期的に実施しなければならない。

3　放課後児童健全育成事業者は、利用者の安全の確保に関して保護者との連携が図られるよう、保護者に対し、安全計画に基づく取組の内容等について周知しなければならない。

付録

4　放課後児童健全育成事業者は、定期的に安全計画の見直しを行い、必要に応じて安全計画の変更を行うものとする。

（自動車を運行する場合の所在の確認）
第六条の三　放課後児童健全育成事業者は、利用者の事業所外での活動、取組等のための移動その他の利用者の移動のために自動車を運行するときは、利用者の乗車及び降車の際に、点呼その他の利用者の所在を確実に把握することができる方法により、利用者の所在を確認しなければならない。

（放課後児童健全育成事業者の職員の一般的要件）
第七条　放課後児童健全育成事業において利用者の支援に従事する職員は、健全な心身を有し、豊かな人間性と倫理観を備え、児童福祉事業に熱意のある者であって、できる限り児童福祉事業の理論及び実際について訓練を受けた者でなければならない。

（放課後児童健全育成事業者の職員の知識及び技能の向上等）
第八条　放課後児童健全育成事業者の職員は、常に自己研鑽に励み、児童の健全な育成を図るために必要な知識及び技能の修得、維持及び向上に努めなければならない。
2　放課後児童健全育成事業者は、職員に対し、その資質の向上のための研修の機会を確保しなければならない。

（設備の基準）
第九条　放課後児童健全育成事業所には、遊び及び生活の場としての機能並びに静養するための機能を備えた区画（以下この条において「専用区画」という。）を設けるほか、支援の提供に必要な設備及び備品等を備えなければならない。
2　専用区画の面積は、児童一人につきおおむね一・六五平方メートル以上でなければならない。
3　専用区画並びに第一項に規定する設備及び備品等（次項において「専用区画等」という。）は、放課後児童健全育成事業所を開所している時間帯を通じて専ら当該放課後児童健全育成事業の用に供するものでなければならない。ただし、利用者の支援に支障がない場合は、この限りでない。
4　専用区画等は、衛生及び安全が確保されたものでなければならない。

（職員）
第十条　放課後児童健全育成事業者は、放課後児童健全育成事業所ごとに、放課後児童支援員を置かなければならない。

2　放課後児童支援員の数は、支援の単位ごとに二人以上とする。ただし、その一人を除き、補助員（放課後児童支援員が行う支援について放課後児童支援員を補助する者をいう。第五項において同じ。）をもってこれに代えることができる。

3　放課後児童支援員は、次の各号のいずれかに該当する者であって、都道府県知事又は地方自治法（昭和二十二年法律第六十七号）第二百五十二条の十九第一項の指定都市若しくは同法第二百五十二条の二十二第一項の中核市の長が行う研修を修了したものでなければならない。

一　保育士（国家戦略特別区域法（平成二十五年法律第百七号）第十二条の五第五項に規定する事業実施区域内にある放課後児童健全育成事業所にあっては、保育士又は当該事業実施区域に係る国家戦略特別区域限定保育士）の資格を有する者

二　社会福祉士の資格を有する者

三　学校教育法（昭和二十二年法律第二十六号）の規定による高等学校（旧中等学校令（昭和十八年勅令第三十六号）による中等学校を含む。）若しくは中等教育学校を卒業した者、同法第九十条第二項の規定により大学への入学を認められた者若しくは通常の課程による十二年の学校教育を修了した者（通常の課程以外の課程によりこれに相当する学校教育を修了した者を含む。）又は文部科学大臣がこれと同等以上の資格を有すると認定した者（第九号において「高等学校卒業者等」という。）であって、二年以上児童福祉事業に従事したもの

四　教育職員免許法（昭和二十四年法律第百四十七号）第四条に規定する免許状を有する者

五　学校教育法の規定による大学（旧大学令（大正七年勅令第三百八十八号）による大学を含む。）において、社会福祉学、心理学、教育学、社会学、芸術学若しくは体育学を専修する学科又はこれらに相当する課程を修めて卒業した者（当該学科又は当該課程を修めて同法の規定による専門職大学の前期課程を修了した者を含む。）

六　学校教育法の規定による大学において、社会福祉学、心理学、教育学、社会学、芸術学若しくは体育学を専修する学科又はこれらに相当する課程において優秀な成績で単位を修得したことにより、同法第百二条第二項の規定により大学院への入学が認められた者

七　学校教育法の規定による大学院において、社会福祉学、心理学、教育学、社会学、芸術学若しくは体育学を専攻する研究科又はこれらに相当する課程を修めて卒業した者

八　外国の大学において、社会福祉学、心理学、教育学、社会学、芸術学若しくは体育学を専修する学科又はこれらに相当する課程を修めて卒業した者

九　高等学校卒業者等であり、かつ、二年以上放課後児童健全育成事業に類似する事業に従事した者であって、市町村長が適当と認めたもの

十　五年以上放課後児童健全育成事業に従事した者であって、市町村長が適当と認めたもの

4　第二項の支援の単位は、放課後児童健全育成事業における支援であって、その提供が同時に一又は複数の利用者に対して一体的に行われるものをいい、一の支援の単位を構成する児童の数は、おおむね四十人以下とする。

5　放課後児童支援員及び補助員は、支援の単位ごとに専ら当該支援の提供に当たる者でなければならない。ただし、利用者が二十人未満の放課後児童健全育成事業所であって、放課後児童支援員のうち一人を除いた者又は補助員が同一敷地内にある他の事業所、施設等の職務に従事している場合その他の利用者の支援に支障がない場合は、この限りでない。

（利用者を平等に取り扱う原則）

第十一条　放課後児童健全育成事業者は、利用者の国籍、信条又は社会的身分によって、差別的取扱いをしてはならない。

（虐待等の禁止）

第十二条　放課後児童健全育成事業者の職員は、利用者に対し、法第三十三条の十各号に掲げる行為その他当該利用者の心身に有害な影響を与える行為をしてはならない。

（業務継続計画の策定等）

第十二条の二　放課後児童健全育成事業者は、放課後児童健全育成事業所ごとに、感染症や非常災害の発生時において、利用者に対する支援の提供を継続的に実施するための、及び非常時の体制で早期の業務再開を図るための計画（以下この条において「業務継続計画」という。）を策定し、当該業務継続計画に従い必要な措置を講ずるよう努めなければならない。

2　放課後児童健全育成事業者は、職員に対し、業務継続計画について周知するとともに、必要な研修及び訓練を定期的に実施するよう努めなければならない。

3　放課後児童健全育成事業者は、定期的に業務継続計画の見直しを行い、必要に応じて業務継続計画の変更を行うよう努めるものとする。

（衛生管理等）

第十三条　放課後児童健全育成事業者は、利用者の使用する設備、食器等又は飲用に供する水について、衛生的な管理に努め、又は衛生上必要な措置を講じなければならない。

2　放課後児童健全育成事業者は、放課後児童健全育成事業所において感染症又は食中毒が発生し、又はまん延しないように、職員に対し、感染症及び食中毒の予防及びまん延の防止のための研修並びに感染症の予防及びまん延の防止のための訓練を定期的に実施するよう努めなければならない。

3　放課後児童健全育成事業所には、必要な医薬品その他の医療品を備えるとともに、それ

らの管理を適正に行わなければならない。

（運営規程）

第十四条　放課後児童健全育成事業者は、放課後児童健全育成事業所ごとに、次の各号に掲げる事業の運営についての重要事項に関する運営規程を定めておかなければならない。

　一　事業の目的及び運営の方針

　二　職員の職種、員数及び職務の内容

　三　開所している日及び時間

　四　支援の内容及び当該支援の提供につき利用者の保護者が支払うべき額

　五　利用定員

　六　通常の事業の実施地域

　七　事業の利用に当たっての留意事項

　八　緊急時等における対応方法

　九　非常災害対策

　十　虐待の防止のための措置に関する事項

　十一　その他事業の運営に関する重要事項

（放課後児童健全育成事業者が備える帳簿）

第十五条　放課後児童健全育成事業者は、職員、財産、収支及び利用者の処遇の状況を明らかにする帳簿を整備しておかなければならない。

（秘密保持等）

第十六条　放課後児童健全育成事業者の職員は、正当な理由がなく、その業務上知り得た利用者又はその家族の秘密を漏らしてはならない。

2　放課後児童健全育成事業者は、職員であった者が、正当な理由がなく、その業務上知り得た利用者又はその家族の秘密を漏らすことがないよう、必要な措置を講じなければならない。

（苦情への対応）

第十七条　放課後児童健全育成事業者は、その行った支援に関する利用者又はその保護者等からの苦情に迅速かつ適切に対応するために、苦情を受け付けるための窓口を設置する等の必要な措置を講じなければならない。

2　放課後児童健全育成事業者は、その行った支援に関し、市町村から指導又は助言を受けた場合は、当該指導又は助言に従って必要な改善を行わなければならない。

3　放課後児童健全育成事業者は、社会福祉法（昭和二十六年法律第四十五号）第八十三条

付録

に規定する運営適正化委員会が行う同法第八十五条第一項の規定による調査にできる限り協力しなければならない。

（開所時間及び日数）
第十八条　放課後児童健全育成事業者は、放課後児童健全育成事業所を開所する時間について、次の各号に掲げる区分に応じ、それぞれ当該各号に定める時間以上を原則として、その地方における児童の保護者の労働時間、小学校の授業の終了の時刻その他の状況等を考慮して、当該事業所ごとに定める。
　一　小学校の授業の休業日に行う放課後児童健全育成事業一日につき八時間
　二　小学校の授業の休業日以外の日に行う放課後児童健全育成事業一日につき三時間
2　放課後児童健全育成事業者は、放課後児童健全育成事業所を開所する日数について、一年につき二百五十日以上を原則として、その地方における児童の保護者の就労日数、小学校の授業の休業日その他の状況等を考慮して、当該事業所ごとに定める。

（保護者との連絡）
第十九条　放課後児童健全育成事業者は、常に利用者の保護者と密接な連絡をとり、当該利用者の健康及び行動を説明するとともに、支援の内容等につき、その保護者の理解及び協力を得るよう努めなければならない。

（関係機関との連携）
第二十条　放課後児童健全育成事業者は、市町村、児童福祉施設、利用者の通学する小学校等関係機関と密接に連携して利用者の支援に当たらなければならない。

（事故発生時の対応）
第二十一条　放課後児童健全育成事業者は、利用者に対する支援の提供により事故が発生した場合は、速やかに、市町村、当該利用者の保護者等に連絡を行うとともに、必要な措置を講じなければならない。
2　放課後児童健全育成事業者は、利用者に対する支援の提供により賠償すべき事故が発生した場合は、損害賠償を速やかに行わなければならない。

附　則

（施行期日）
第一条　この省令は、子ども・子育て支援法及び就学前の子どもに関する教育、保育等の総合的な提供の推進に関する法律の一部を改正する法律の施行に伴う関係法律の整備等に関する法律（平成二十四年法律第六十七号）の施行の日から施行する。
（職員の経過措置）
第二条　この省令の施行の日から平成三十二年三月三十一日までの間、第十条第三項の規定の適用については、同項中「修了したもの」とあるのは、「修了したもの（平成三十二年三月三十一日までに修了することを予定している者を含む。）」とする。
　　　　附　則　（平成二七年八月三一日厚生労働省令第一三三号）
この省令は、国家戦略特別区域法及び構造改革特別区域法の一部を改正する法律の施行の日（平成二十七年九月一日）から施行する。
　　　　附　則　（平成二八年二月三日厚生労働省令第一二号）
この省令は、平成二十八年四月一日から施行する。
　　　　附　則　（平成二九年九月二二日厚生労働省令第九四号）
この省令は、国家戦略特別区域法及び構造改革特別区域法の一部を改正する法律の施行の日（平成二十九年九月二十二日）から施行する。
　　　　附　則　（平成三〇年二月一六日厚生労働省令第一五号）
この省令は、平成三十一年四月一日から施行する。
　　　　附　則　（平成三〇年三月三〇日厚生労働省令第四六号）
この省令は、平成三十年四月一日から施行する。
　　　　附　則　（平成三一年三月二九日厚生労働省令第五〇号）
この省令は、平成三十一年四月一日から施行する。
　　　　附　則　（令和元年一〇月三日厚生労働省令第六一号）
この省令は、令和二年四月一日から施行する。
　　　　附　則　（令和二年三月四日厚生労働省令第二一号）
この省令は、令和二年四月一日から施行する。
　　　　附　則　（令和四年一一月三〇日厚生労働省令第一五九号）
（施行期日）
第一条　この省令は、令和五年四月一日から施行する。
（安全計画の策定等に係る経過措置）
第二条　この省令の施行の日から令和六年三月三十一日までの間、第一条の規定による改正後の児童福祉施設の設備及び運営に関する基準第六条の三（保育所に係るものを除く。）、第三条の規定による改正後の児童福祉法に基づく指定通所支援の事業等の人員、設備及び運営に関する基準（以下「新指定通所支援基準」という。）第四十条の二（新指定通所支援基準第五十四条の五、第五十四条の九、第六十四条、第七十一条、第七十一条の二、第七十一条の六、第七十一条の十四及び第七十九条において準用する場合を含む。）、第四条の規定による改正後の児童福祉法に基づく指定障害児入所施設等の人員、設備及び運営に関する基準（以下「新指定入所施設基準」という。）第三十七条の二（新指定入所施設基準第五十七条において準用する場合を含む。）及び第七条の規定による改正後の放課後児童健全育成事業の設備及び運営に関する基準第六条の二の規定の適用については、これらの規定中「講じなければ」とあるのは「講ずるよう努めなければ」と、「実施しなければ」とあるのは「実施するよう努めなければ」と、「周知しなければ」とあるのは「周知するよう努めなければ」とする。
　　　　附　則　（令和四年一二月二八日厚生労働省令第一七五号）　抄
（施行期日）
第一条　この省令は、令和五年四月一日から施行する。ただし附則第五条は公布の日から施行する。
　　　　附　則　（令和五年三月三一日厚生労働省令第四八号）　抄
（施行期日）
第一条　この省令は、令和五年四月一日から施行する。

付録

「放課後児童健全育成事業の設備及び運営に関する基準」関係通知

・「放課後児童健全育成事業の設備及び運営に関する基準について」（平成26年5月30日付
　雇児発0530第1号厚生労働省雇用均等・児童家庭局長通知）

・「放課後児童健全育成事業の設備及び運営に関する基準の一部を改正する省令の施行につ
　いて」（平成30年3月30日付　子発0330第9号厚生労働省子ども家庭局長通知）

・「放課後児童健全育成事業の設備及び運営に関する基準の一部を改正する省令の施行につ
　いて」（平成31年3月29日付　子発0329第3号厚生労働省子ども家庭局長通知）

・「放課後児童健全育成事業の設備及び運営に関する基準の一部を改正する省令の施行につ
　いて」（令和元年10月3日付　子発1003第1号厚生労働省子ども家庭局長通知）

・「放課後児童健全育成事業の設備及び運営に関する基準の一部を改正する省令の施行につ
　いて」（令和2年3月23日付　子発0323第3号厚生労働省子ども家庭局長通知）

・「放課後児童クラブ等における安全計画の策定に関する留意事項等について」（令和4年12
　月21日付　厚生労働省子ども家庭局子育て支援課事務連絡）

・「児童福祉施設等における業務継続計画等について」（令和4年12月23日付　厚生労働省子
　ども家庭局総務課、厚生労働省子ども家庭局保育課、厚生労働省子ども家庭局家庭福祉課、
　厚生労働省子ども家庭局子育て支援課、厚生労働省子ども家庭局母子保健課事務連絡）

・児童福祉施設の設備及び運営に関する基準等の一部を改正する省令について（令和4年12
　月28日付　子発1228第1号、障発1228第4号厚生労働省子ども家庭局長、厚生労働省社会・
　援護局障害保健福祉部長通知）

・こども家庭庁設置法等の施行について（令和5年3月31日付　子発0331第15号、社援発
　0331第41号、障発0331第26号厚生労働省子ども家庭局長、厚生労働省社会・援護局長、厚
　生労働省社会・援護局障害保健福祉部長通知）

こ成環第16号
令和7年1月22日

各都道府県知事
各指定都市市長　殿
各中核市市長

こども家庭庁成育局長

放課後児童クラブ運営指針の改正について（通知）

　放課後児童クラブについては、一定水準の質の確保を全国的に図るべく、国として設備や人員配置等の基準を策定し、これを参酌して定めた各市町村の条例により、運営いただいているところである。放課後児童クラブ運営指針は、条例等を遵守いただいた上で、更に、運営の多様性を踏まえつつ、こどもに保障すべき遊び及び生活の環境や運営内容の水準を明確化し、事業の安定性及び継続性の確保を目的として定められているものである。

　今般、「こども基本法」（令和4年法律第77号）及び「こどもの居場所づくりに関する指針」（令和5年12月22日閣議決定）並びに近年の動向等を踏まえ、放課後児童クラブ運営指針を別紙のとおり改正し、令和7年4月1日から運用することとしたので、通知する。なお、参考までに、改正前後の新旧対照表を別添として添付する。

　貴職におかれては、今般の改正内容について御了知の上、管内の市町村（特別区を含む。）、関係機関及び施設・事業者等に対して周知いただくとともに、その運用に遺漏のないようお願いする。

　本通知の運用開始に伴い、旧通知（「「放課後児童クラブ運営指針」の策定について」（平成27年3月31日雇児発0331第34号厚生労働省雇用均等・児童家庭局長通知））は廃止する。

　なお、本通知は、地方自治法（昭和22年法律第67号）第245条の4第1項に規定する技術的助言として発出するものであることを申し添える。

付録

別紙

放課後児童クラブ運営指針

第1章　総則

1．趣旨

（1）この運営指針は、放課後児童健全育成事業の設備及び運営に関する基準（平成26年厚生労働省令第63号。以下「基準」という。）に基づき、放課後児童健全育成事業を行う場所（以下「放課後児童クラブ」という。）における、こどもの健全な育成と遊び及び生活の支援（以下「育成支援」という。）の内容に関する事項及びこれに関連する事項を定める。

（2）放課後児童クラブの運営主体は、この運営指針において規定される支援の内容等に係る基本的な事項を踏まえ、各放課後児童クラブの実態に応じて創意工夫を図り、放課後児童クラブの質の向上と機能の充実に努めなければならない。

2．放課後児童健全育成事業の役割

（1）放課後児童クラブの運営主体及び放課後児童クラブは、児童福祉法（昭和22年法律第164号）及びこども基本法（令和4年法律第77号）並びに児童の権利に関する条約の理念に基づき、こどもの最善の利益を優先して考慮し、育成支援を推進することに努めなければならない。

（2）放課後児童健全育成事業は、児童福祉法第6条の3第2項に基づき、小学校（以下「学校」という。）に就学しているこども（特別支援学校の小学部のこどもを含む。以下同じ。）であって、その保護者が労働等により昼間家庭にいないものに、授業の終了後（以下「放課後」という。）に児童厚生施設等の施設を利用して適切な遊び及び生活の場を与え、こどもの状況や発達段階を踏まえながら、その健全な育成を図る事業である。

（3）放課後児童クラブの運営主体及び放課後児童クラブは、学校や地域の様々な社会資源との連携を図りながら、保護者と連携して育成支援を行うとともに、その家庭の子育てを支援する役割を担う。

3．放課後児童クラブにおける育成支援の基本

（1）放課後児童クラブにおける育成支援

　　放課後児童クラブにおける育成支援は、こどもが安心して過ごせる生活の場としてふさわしい環境を整え、安全面に配慮しながらこどもが自ら危険を回避できるようにしていくとともに、こどもの発達段階に応じた主体的な遊びや生活が可能となるように、自主性、社会性及び創造性の向上、基本的な生活習慣の確立等により、こどもの健全な育

235

成を図ることを目的とする。

（２）保護者及び関係機関との連携

　　放課後児童クラブは、常に保護者と密接な連携をとり、放課後児童クラブにおけるこどもの様子を日常的に保護者に伝え、こどもに関する情報を家庭と放課後児童クラブで共有することにより、保護者が安心してこどもを育て、子育てと仕事等を両立できるように支援することが必要である。また、こども自身への支援と同時に、学校等の関係機関と連携することにより、こどもの生活の基盤である家庭での養育を支援することも必要である。

（３）放課後児童支援員等の役割

　　放課後児童支援員は、豊かな人間性と倫理観を備え、常に自己研鑽に励みながら必要な知識及び技能をもって育成支援に当たる役割を担うとともに、関係機関と連携してこどもにとって適切な養育環境が得られるよう支援する役割を担う必要がある。また、放課後児童支援員が行う育成支援について補助する補助員も、放課後児童支援員と共に同様の役割を担うよう努めることが求められる。

（４）放課後児童クラブの社会的責任

①　放課後児童クラブは、自ら進んでこどもの権利について学習を行った上で、育成支援を行う必要がある。

②　放課後児童クラブは、こどもの人権に十分に配慮するとともに、こども一人ひとりの人格を尊重して育成支援を行い、こどもに影響のある事柄に関してこどもが意見を述べ、参加することを保障する必要がある。

③　放課後児童クラブの運営主体は、放課後児童支援員及び補助員（以下「放課後児童支援員等」という。）に対し、その資質の向上のために職場内外の研修の機会を確保しなければならない。特に、こどもの権利に関する学習の機会を保障することに努める。

④　放課後児童支援員等は、常に自己研鑽に励み、こどもの育成支援の充実を図るために、必要な知識及び技能の修得、維持及び向上に努めなければならない。

⑤　放課後児童クラブの運営主体は、地域社会との交流や連携を図り、保護者や地域社会に当該放課後児童クラブが行う育成支援の内容を適切に説明するよう努めなければならない。

⑥　放課後児童クラブ及び放課後児童クラブの運営主体は、こどもの利益に反しない限りにおいて、こどもや保護者のプライバシーの保護、業務上知り得た事柄の秘密保持に留意しなければならない。

⑦　放課後児童クラブ及び放課後児童クラブの運営主体は、こどもや保護者の苦情等に対して迅速かつ適切に対応して、その解決を図るよう努めなければならない。

⑧　放課後児童クラブ及び放課後児童クラブの運営主体は、こどもの権利が侵害される

付録

事案が発生した場合の対応方法について定め、あらかじめこどもに周知しておき、事案発生時には適切に対応する必要がある。

第2章　事業の対象となるこどもの発達

　放課後児童クラブでは、放課後等にこどもの発達段階に応じた主体的な遊びや生活が可能となるようにすることが求められる。このため、放課後児童支援員等は、こどもの発達の特徴や発達過程を理解し、発達の個人差を踏まえて一人ひとりの心身の状態を把握しながら育成支援を行うことが必要である。

1．こどもの発達と児童期

　6歳から12歳は、こどもの発達の時期区分において幼児期と思春期・青年期との間にあり、児童期と呼ばれる。

　児童期のこどもは、学校、放課後、家庭のサイクルを基本とした生活となる。

　学校において基礎学力が形成されることに伴い、知的能力や言語能力、規範意識等が発達する。また、身長や体重の増加に伴って体力が向上し、遊びも活発化する。

　社会性の発達に伴い、様々な仲間集団が形成されるなど、こども同士の関わりも変化する。さらに、想像力や思考力が豊かになることによって遊びが多様化し、創意工夫が加わった遊びを創造できるようになる。

　児童期には、幼児期の発達的特徴を残しつつ、思春期・青年期の発達的特徴の芽生えが見られる。こどもの発達は、行きつ戻りつの繰り返しを経ながら進行していく。

　こどもは、家庭や学校、地域社会の中で育まれる。大人との安定した信頼関係のもとで、「学習」、「遊び」等の活動、十分な「休息」、「睡眠」、「食事」等が保障されることによって、こどもは安心して生活し育つことができる。

2．児童期の発達の特徴

　児童期の発達には、主に次のような特徴がある。

　○　ものや人に対する興味が広がり、その興味を持続させ、興味の探求のために自らを律することができるようになる。

　○　自然や文化と関わりながら、身体的技能を磨き、認識能力を発達させる。

　○　学校や放課後児童クラブ、地域等、こどもが関わる環境が広がり、多様な他者との関わりを経験するようになる。

　○　集団や仲間で活動する機会が増え、その中で規律と個性を培うとともに、他者と自己の多様な側面を発見できるようになる。

　○　発達に応じて「親からの自立と親への依存」、「自信と不安」、「善悪と損得」、「具体

的思考と抽象的思考」等、様々な心理的葛藤を経験する。

3．児童期の発達過程と発達領域

　　児童期には、特有の行動が出現するが、その年齢は固定的なものではなく、個人差も大きい。目安として、おおむね6歳〜8歳（低学年）、9歳〜10歳（中学年）、11歳〜12歳（高学年）の3つの時期に区分することができる。なお、この区分は、同年齢のこどもの均一的な発達の基準ではなく、一人ひとりのこどもの発達過程を理解する目安として捉えるべきものである。

（1）おおむね6歳〜8歳

　　こどもは学校生活の中で、読み書きや計算の基本的技能を習得し、日常生活に必要な概念を学習し、係や当番等の社会的役割を担う中で、自らの成長を自覚していく。一方で、同時にまだ解決できない課題にも直面し、他者と自己とを比較し、葛藤も経験する。

　　遊び自体の楽しさの一致によって群れ集う集団構成が変化し、そこから仲間関係や友達関係に発展することがある。ただし、遊びへの参加がその時の気分に大きく影響されるなど、幼児的な発達の特徴も残している。

　　ものや人に対する興味が広がり、遊びの種類も多様になっていき、好奇心や興味が先に立って行動することが多い。

　　大人に見守られることで、努力し、課題を達成し、自信を深めていくことができる。その後の時期と比べると、大人の評価に依存した時期である。

（2）おおむね9歳〜10歳

　　論理的な思考や抽象的な言語を用いた思考が始まる。道徳的な判断も、結果だけに注目するのではなく、動機を考慮し始める。また、お金の役割等の社会の仕組みについても理解し始める。

　　遊びに必要な身体的技能がより高まる。

　　同年代の集団や仲間を好み、大人に頼らずに活動しようとする。他者の視線や評価に一層敏感になる。

　　言語や思考、人格等のこどもの発達諸領域における質的変化として表れる「9、10歳の節」と呼ばれる大きな変化を伴っており、特有の内面的な葛藤がもたらされる。この時期に自己の多様な可能性を確信することは、発達上重要なことである。

（3）おおむね11歳〜12歳

　　学校内外の生活を通じて、様々な知識が広がっていく。また、自らの得意不得意を知るようになる。

　　日常生活に必要な様々な概念を理解し、ある程度、計画性のある生活を営めるようになる。

　　大人から一層自立的になり、少人数の仲間で「秘密の世界」を共有する。友情が芽生

え、個人的な関係を大切にするようになる。

身体面において第2次性徴が見られ、思春期・青年期の発達的特徴が芽生える。しかし、性的発達には個人差が大きく、身体的発育に心理的発達が伴わない場合もある。

4. 児童期の遊びと発達

放課後児童クラブでは、休息、遊び、自主的な学習、おやつ、文化的行事等の取り組みや、基本的な生活に関すること等、生活全般に関わることが行われる。その中でも、遊びは、自発的、自主的に行われるものであり、こどもにとって認識や感情、主体性等の諸能力が統合化される他に代えがたい不可欠な活動である。

こどもは遊びの中で、他者と自己の多様な側面を発見できるようになる。そして、遊びを通じて、他者との共通性と自身の個性とに気付いていく。

児童期になると、こどもが関わる環境が急速に拡大する。関わる人々や遊びの種類も多様になり、活動範囲が広がる。また、集団での遊びを継続することもできるようになっていく。その中で、こどもは自身の欲求と相手の欲求を同時に成立させるすべを見いだし、順番を待つこと、我慢すること、約束を守ることや平等の意味等を身に付け、協力することや競い合うことを通じて自分自身の力を伸ばしていく。

こどもは、遊びを通じて成功や失敗の経験を積み重ねていく。こどもが遊びに自発的に参加し、遊びの楽しさを仲間の間で共有していくためには、大人の援助が必要なこともある。

5. こどもの発達過程を踏まえた育成支援における配慮事項

放課後児童支援員等は、こどもの発達過程を踏まえ、次に示す事項に配慮してこども一人ひとりの心身の状態を把握しながら、集団の中でのこども同士の関わりを大切にして育成支援を行うことが求められる。

（1）おおむね6歳～8歳のこどもへの配慮
- ○ 幼児期の発達的特徴も見られる時期であることを考慮する。
- ○ 放課後児童支援員等が身近にいて、こどもが安心して頼ることのできる存在になれるように心掛ける。
- ○ こどもは遊びに夢中になると時間や場所を忘れることがある。安全や健康を管理するためにこどもの時間と場所に関する意識にも目を届かせるようにする。

（2）おおむね9歳～10歳のこどもへの配慮
- ○ 「9、10歳の節」と呼ばれる発達諸領域における質的変化を伴うことを考慮して、こどもの意識や感情の変化を適切に捉えるように心掛ける。
- ○ 同年代の仲間との関わりを好み、大人に頼らず活動しようとする、他のこどもの視線や評価に敏感になるなど、大人に対する見方や自己と他者への意識や感情の発達的

特徴の理解に基づいた関わりをする。

（3）おおむね11歳〜12歳のこどもへの配慮

○　大人から一層自立的になるとともに、こども同士の個人的な関係を大切にするようになるなどの発達的特徴を理解することに努め、信頼に基づく関わりを心掛ける。

○　ある程度、計画性のある生活を営めるようになる時期であることを尊重し、こども自身が主体的な遊びや生活ができるような関係を大切にする。

○　思春期・青年期の発達的特徴が芽生えることを考慮し、性的発達を伴う身体的発育と心理的発達の変化について理解し、適切な対応をする。

（4）遊びと生活における関わりへの配慮

こどもの遊びへの関わりは、安全の確保のような間接的なものから、大人が自ら遊びを楽しむ姿を見せるというような直接的なものまで、こどもの発達や状況に応じた柔軟なものであることが求められる。また、その時々のこどもの体調や気分によって、遊びの選択やこども同士の関わり方が異なることを理解することも必要である。

こどもは時に大人の指示を拒んだり、反抗的に見える態度をとったりすることもある。こどもの言動の背景を理解することが求められる。

こどもが放課後児童クラブの中でお互いの役割を理解し合って生活していくためには、こども同士の中での自律的な関係を認めつつ、一人ひとりの意識や発達の状況にも十分に配慮する必要がある。

第3章　放課後児童クラブにおける育成支援の内容

1．育成支援の内容

（1）放課後児童クラブに通うこどもは、保護者が労働あるいは疾病や介護等により授業の終了後の時間帯（放課後、学校休業日）にこどもの養育ができない状況によって、放課後児童クラブに通うことが必要となっているため、その期間をこどもが自ら進んで通い続けるためには、放課後児童支援員等が保護者と連携して育成支援を行う必要がある。

（2）放課後児童クラブに通うこどもが遊びや生活の中で、自身の権利を理解できるような環境や機会を設けることが求められる。その内容について、保護者に周知するように努めること。

（3）放課後児童クラブは、年齢や発達の状況が異なる多様なこども達が一緒に過ごす場である。放課後児童支援員等には、それぞれのこどもの発達の特徴やこども同士の関係を捉えながら適切に関わることで、こどもが安心して過ごせるようにし、一人ひとりと集団全体の生活を豊かにすることが求められる。

（4）こどもの発達や養育環境の状況等を把握し、こどもが発達面や養育環境等で固有の援助を必要としている場合には、その援助を適切に行う必要がある。

付録

（5）こどもにとって放課後児童クラブが安心して過ごせる生活の場であり、放課後児童支援員等が信頼できる存在であることを前提として、放課後児童クラブにおける育成支援には、主に次のような内容が求められる。

① こどもが自ら進んで放課後児童クラブに通い続けられるように援助する。
　・　放課後児童クラブに通うことについて、その必要性をこどもが理解できるように援助する。その際、こどもの意見も踏まえ、その権利が侵害されないよう、保護者や学校等関係機関と連携して対応する。
　・　放課後児童支援員等は、こどもの様子を日常的に保護者に伝え、放課後児童支援員等と保護者がお互いにこどもの様子を伝え合えるようにする。
　・　こどもが放課後児童クラブに通うことに関して、学校と情報交換し、連携する。
　・　こどもの遊びや生活の環境及び帰宅時の安全等について、地域の人々の理解と協力が得られるようにする。

② こどもの出欠席と心身の状態を把握して、適切に援助する。
　・　こどもの出欠席についてあらかじめ保護者からの連絡を確認しておくとともに、連絡なく欠席したり来所が遅れたりしたこどもについては速やかに状況を把握して適切に対応する。
　・　こどもの来所時には、こどもが安心できるように迎え入れ、こども一人ひとりの心身の状態を把握する。
　・　遊びや生活の場面におけるこどもの状況や体調、情緒等を把握し、静養や気分転換が必要な時には適切に対応する。なお、病気やケガの場合は、速やかに保護者と連絡をとる。

③ こども自身が見通しを持って主体的に過ごせるようにする。
　・　こどもが放課後児童クラブでの過ごし方について理解できるようにし、主体的に生活できるように援助する。
　・　放課後児童支援員等は、こども全体に共通する生活時間の区切りをつくり、柔軟に活用してこどもが放課後の時間を自己管理できるように援助する。
　・　放課後児童クラブにおける過ごし方や生活時間の区切り等は、保護者にも伝えて理解を得ておく。

④ 放課後児童クラブでの生活を通して、日常生活に必要となる基本的な生活習慣を習得できるようにする。
　・　手洗いやうがい、持ち物の管理や整理整頓、活動に応じた衣服の着脱等の基本的な生活習慣が身に付くように援助する。
　・　こども達が集団で過ごすという特性を踏まえて、一緒に過ごす上で求められる協力及び分担や決まりごと等を理解できるようにする。

⑤ こどもが発達段階に応じた主体的な遊びや生活ができるようにする。

241

- こども達が協力し合って放課後児童クラブの生活を維持していくことができるようにする。その際、年齢や発達の状況が異なるこども達が一緒に生活していることを考慮する。
- こどもが仲間関係をつくりながら、自発的に遊びをつくり出すことができるようにする。
- 遊びや生活の中で生じる意見の対立やけんかなどについては、お互いの考え方の違いに気付くこと、葛藤の調整や感情の高ぶりを和らげること等ができるように、適切に援助する。
- こどもの間でいじめ等の関係が生じないような環境づくりに配慮するとともに、万一そのような問題が起きた時には早期対応に努め、学校等関係機関との連携のもと、放課後児童支援員等が協力して適切に対応する。
- 屋内外ともにこどもが過ごす空間や時間に配慮し、発達段階にふさわしい遊びと生活の環境をつくる。その際、製作活動や伝承遊び、地域の文化にふれる体験等の多様な活動や遊びを工夫することも考慮する。
- こどもが宿題、自習等の学習活動を自主的に行える環境を整え、必要な援助を行う。
- 放課後児童クラブのこども達が地域のこども達と一緒に遊んだり活動したりする機会を設ける。
- 地域での遊びの環境づくりへの支援も視野に入れ、必要に応じて保護者や地域住民が協力しながら活動に関わることができるようにする。

⑥ こどもが自分の気持ちや意見を表現することができるように援助し、放課後児童クラブの生活に主体的に関わることができるようにする。
- 放課後児童支援員等は、こどもが気持ちや意見を表現できるようにし、それを受けとめる体制を整える。
- こども一人ひとりの放課後児童クラブでの生活状況を把握しながら、こどもの情緒やこども同士の関係にも配慮し、こどもの意見を尊重する。
- こどもが放課後児童支援員等に悩みや相談事も話せるような信頼関係を築く。
- こどもが放課後児童クラブでのルール等について意見を表明する機会を持つことや、こどもの生活や遊びに影響を与える事柄については、こどもが放課後児童支援員等と共に考え、共に決めることができるよう努める。
- 行事等の活動では、企画の段階からこどもの意見を反映させる機会を設けるなど、様々な発達の過程にあるこどもがそれぞれに主体的に運営に関わることができるように工夫する。

⑦ こどもにとって放課後の時間帯に栄養面や活力面から必要とされ、こども同士や放課後児童支援員等とのコミュニケーションの機会となるおやつ等を適切に管理し、提

付録

供する。

- ・ 発達過程にあるこどもの成長にあわせて、放課後の時間帯に必要とされる栄養面や活力面を考慮して、おやつを適切に提供する。おやつの提供に当たっては、補食としての役割もあることから、昼食と夕食の時間帯等を考慮して提供時間や内容、量等を工夫する。
- ・ おやつの提供に際しては、安全及び衛生に考慮するとともに、こども同士や放課後児童支援員等とのコミュニケーションの機会となるため、こどもが落ちついて食を楽しめるようにする。
- ・ こどもが持参したおやつや食事については、安全及び衛生に考慮して、適切に管理する。
- ・ 地域の実情に応じて昼食等を提供する場合には、保護者やこどもの意向を踏まえた上で、おやつ同様に内容や量等の工夫、安全及び衛生に考慮する。
- ・ 保護者組織が手配等した食事については、保護者組織や弁当事業者等と十分連携し、適切に管理する。
- ・ 食物アレルギーのあるこどもについては、配慮すべきことや緊急時の対応等について事前に保護者と丁寧に連絡を取り合い、安全に配慮して提供する。

⑧ こどもが安全に安心して過ごすことができるように環境を整備するとともに、緊急時に適切な対応ができるようにする。

- ・ こどもが自分で避けることのできない危険に遭遇しないように、遊びと生活の環境について安全点検と環境整備を行う。
- ・ こどもが危険に気付いて判断したり、事故等に遭遇した際に被害を最小限にしたりするための安全に関する自己管理能力を身に付けられるように援助する。
- ・ 事故やケガ、災害等の緊急時にこどもの安全が守られるように、対応方針を作成して定期的に訓練を行う。
- ・ 性暴力防止のため、こどもの発達段階に応じた啓発を行う。また、放課後児童支援員等からこどもへの性暴力及びこども間での性暴力が発生した際に適切かつ迅速に対応できるよう体制を構築する。

⑨ 放課後児童クラブでのこどもの様子を日常的に保護者に伝え、家庭と連携して育成支援を行う。

- ・ 放課後児童クラブにおけるこどもの様子を日常的に保護者に伝える。その際、ＩＣＴ（情報通信技術）を活用するなど、家庭と放課後児童クラブ双方が効率的に情報を共有できるようにする。
- ・ こどもに関する情報を家庭と放課後児童クラブで共有することにより、保護者が安心して子育てと仕事等を両立できるように支援する。

2．障害のあるこどもへの対応

（1）障害のあるこどもの受入れの考え方

○ 障害のあるこども（医療的ケアを必要とするこどもを含む）については、地域社会で生活する平等の権利の享受と、包容・参加（インクルージョン）の考え方に立ち、こども同士が生活を通して共に成長できるよう、障害のあるこどもも放課後児童クラブを利用する機会が確保されるための適切な配慮及び環境整備を行い、可能な限り受入れに努める。

○ 放課後児童クラブによっては、新たな環境整備が必要となる場合なども考えられるため、受入れの判断については、こども本人及び保護者の立場に立ち、公平性を保って行われるように判断の基準や手続等を定めることが求められる。

○ 障害のあるこどもの受入れに当たっては、こどもや保護者と面談の機会を持つなどして、こどもの健康状態、発達の状況、家庭の状況、こどもや保護者の意向等を個別に把握する。また、児童発達支援や保育所等の利用経験がある場合は、利用時の状況を把握する等し、切れ目のない支援を行うことが求められる。

○ 地域社会における障害のあるこどもの放課後の生活が保障されるように、放課後等デイサービス等と連携及び協力を図る。その際、放課後等デイサービスと併行利用している場合には、放課後等デイサービス事業所と十分な連携を図り、協力できるような体制づくりを進めていくことが求められる。

○ こどもの状況の変化や、学校の卒業等により、放課後児童クラブから放課後等デイサービスに移行する際には、支援内容等について引継ぎを行う等、円滑な移行に向けて関係機関と連携を図ることが求められる。

（2）障害のあるこどもの育成支援に当たっての留意点

○ 障害のあるこどもが、放課後児童クラブでのこども達との生活を通して共に成長できるように、見通しを持って計画的な育成支援を行う。

○ 継続的な育成支援を行うために、障害のあるこども一人ひとりについて放課後児童クラブでの状況や育成支援の内容を記録する。

○ 障害のあるこどもの育成支援についての事例検討を行い、研修等を通じて、障害のあるこどもへの理解を深める。

○ 市町村（特別区を含む。以下同じ。）や放課後児童クラブの運営主体は、障害のあるこどもの特性を踏まえた育成支援の向上のために、放課後児童クラブと地域の障害児を支援する専門機関等が連携して、相談できる体制をつくる。その際、保育所等訪問支援、児童発達支援センターや巡回支援専門員によるスーパーバイズ・コンサルテーション（後方支援）の活用等も検討する。

○ 放課後児童クラブの運営主体は、市町村と連携して、障害のあるこどもの支援に当たる職員のスーパービジョンや職員のケアのための人材確保や研修等を実施する。

○　障害のあるこどもの育成支援が適切に図られるように、個々のこどもの状況に応じ
　　　て環境に配慮するとともに、職員配置、施設や設備の改善等についても工夫する。
　　○　「障害者虐待の防止、障害者の養護者に対する支援等に関する法律」（平成23年法律
　　　第79号）の理念に基づいて、障害のあるこどもへの虐待の防止に努めるとともに、防
　　　止に向けての措置を講ずる。

３．特に配慮を必要とするこどもへの対応
（１）児童虐待への対応
　　○　放課後児童支援員等は、児童虐待の防止等に関する法律（平成12年法律第82号）に
　　　基づき児童虐待の早期発見の努力義務が課されていることを踏まえ、こどもの状態や
　　　家庭の状況の把握により、保護者に不適切な養育等が疑われる場合には、市町村や関
　　　係機関と連携し、児童福祉法第25条の２第１項に規定する要保護児童対策地域協議会
　　　で協議するなど、適切に対応することが求められる。
　　○　児童虐待が疑われる場合には、放課後児童支援員等は各自の判断だけで対応するこ
　　　とは避け、放課後児童クラブの運営主体の責任者と協議の上で、市町村又は児童相談
　　　所に速やかに通告し、関係機関と連携して放課後児童クラブとして適切な対応を図ら
　　　なければならない。
（２）特別の支援を必要とするこどもへの対応
　　○　放課後児童支援員等は、こどもの家庭環境についても配慮し、家庭での養育につい
　　　て特別の支援が必要な状況を把握した場合には、こどもと保護者の安定した関係の維
　　　持に留意しつつ、市町村や関係機関と連携して適切な支援につなげるように努める。
　　○　放課後児童クラブでの生活に特に配慮を必要とするこどもの支援に当たっては、保
　　　護者、市町村、関係機関と情報交換を行い、連携して適切な育成支援に努める。
（３）特に配慮を必要とするこどもへの対応に当たっての留意事項
　　○　特に配慮を必要とするこどもへの対応に当たっては、こどもの利益に反しない限り
　　　において、保護者やこどものプライバシーの保護、業務上知り得た事柄の秘密保持に
　　　留意する。
　　○　インクルージョン（包容・参加）の観点から、社会的・文化的な困難を抱えるこど
　　　も等へ必要な配慮を行う。

４．保護者との連携
（１）保護者との連絡
　　○　こどもの出欠席についてあらかじめ保護者からの連絡を確認しておく。
　　○　放課後児童クラブにおけるこどもの遊びや生活の様子を日常的に保護者に伝え、こ
　　　どもの状況について家庭と放課後児童クラブで情報を共有する。

○　保護者との連絡については、ＩＣＴの活用を視野に入れ、適切に対応すること。その他、連絡帳、保護者の迎えの際の直接の連絡、通信、保護者会、個人面談等の様々な方法を有効に活用する。

（２）保護者からの相談への対応

　　○　放課後児童支援員等は、育成支援を通じて保護者との信頼関係を築くことに努めるとともに、子育てのこと等について保護者が相談しやすい雰囲気づくりを心掛ける。

　　○　保護者から相談がある場合には、保護者の気持ちを受け止め、相互の信頼関係を基本に保護者の自己決定を尊重して対応する。また、必要に応じて市町村や関係機関と連携する。

（３）保護者及び保護者組織との連携

　　○　放課後児童クラブの活動を保護者に伝えて理解を得られるようにするとともに、保護者が活動や行事に参加する機会を設けるなどして、保護者との協力関係をつくる。

　　○　保護者組織と連携して、保護者が互いに協力して子育ての責任を果たせるように支援する。

5．育成支援に含まれる職務内容と運営に関わる業務

（１）育成支援に含まれる職務内容

　　　放課後児童クラブにおける育成支援に係る職務内容には、次の事項が含まれる。

　　○　こどもが放課後児童クラブでの生活に見通しを持てるように、育成支援の目標や計画を作成し、保護者と共通の理解を得られるようにする。

　　○　日々のこどもの状況や育成支援の内容を記録する。

　　○　職場内で情報を共有し事例検討を行って、育成支援の内容の充実、改善に努める。

　　○　通信や保護者会等を通して、放課後児童クラブでのこどもの様子や育成支援に当たって必要な事項を、定期的かつ同時にすべての家庭に伝える。

（２）運営に関わる業務

　　　放課後児童クラブの運営に関わる業務として、次の取り組みも必要とされる。

　・　業務の実施状況に関する日誌（こどもの出欠席、職員の服務に関する状況等）

　・　運営に関する会議や打合せ、申合せや引継ぎ

　・　おやつの発注、購入等

　・　遊びの環境と施設の安全点検、衛生管理、清掃や整理整頓

　・　保護者との連絡調整

　・　学校との連絡調整

　・　地域の関係機関、団体との連絡調整

　・　会計事務

　・　その他、事業運営に関する記録

付録

第4章　放課後児童クラブの運営

1．職員体制
（1）放課後児童クラブには、年齢や発達の状況が異なるこどもを同時にかつ継続的に育成
　　支援を行う必要があること、安全面での管理が必要であること等から、支援の単位ごと
　　に2人以上の放課後児童支援員（基準第10条第3項各号のいずれかに該当する者であっ
　　て、都道府県知事が行う研修を修了したもの）を置かなければならない。ただし、その
　　うち1人は、補助員（放課後児童支援員が行う支援について放課後児童支援員を補助す
　　る者）に代えることができる。
（2）放課後児童支援員等は、支援の単位ごとに育成支援を行わなければならない。なお、
　　放課後児童クラブを利用するこどもが20人未満の場合で、放課後児童支援員のうち1人
　　を除いた者又は補助員が同一敷地内にある他の事業所、施設等の職務に従事している場
　　合等は、この限りではない。
（3）こどもとの安定的、継続的な関わりが重要であるため、放課後児童支援員の雇用に当
　　たっては、長期的に安定した形態とすることが求められる。
（4）放課後児童支援員等の勤務時間については、こどもの受入れ準備や打合せ、育成支援
　　の記録作成等、開所時間の前後に必要となる時間を前提として設定されることが求めら
　　れる。

2．こども集団の規模（支援の単位）
（1）放課後児童クラブの適切な生活環境と育成支援の内容が確保されるように、施設設備、
　　職員体制等の状況を総合的に勘案し、適正なこども数の規模の範囲で運営することが必
　　要である。
（2）こども集団の規模（支援の単位）は、こどもが相互に関係性を構築したり、1つの集
　　団としてまとまりをもって共に生活したり、放課後児童支援員等が個々のこどもと信頼
　　関係を築いたりできる規模として、おおむね40人以下とする。

3．開所時間及び開所日
（1）開所時間及び開所日については、保護者の就労時間、学校の授業の終了時刻その他の
　　地域の実情等を考慮して、当該放課後児童クラブごとに設定する。
（2）開所時間については、学校の授業の休業日は1日につき8時間以上、学校の授業の休
　　業日以外の日は1日につき3時間以上の開所を原則とする。なお、こどもの健全育成上
　　の観点にも配慮した開所時間の設定が求められる。
（3）開所する日数については、1年につき250日以上を原則として、保護者の就労日数、
　　学校の授業の休業日その他の地域の実情等を考慮して、当該放課後児童クラブごとに設

247

定する。

（４）新１年生については、保育所等との連続性を考慮し、４月１日より受け入れを可能に
　　する必要がある。

４．利用の開始等に関わる留意事項
（１）放課後児童クラブの運営主体は、放課後児童クラブの利用の募集に当たり、適切な時
　　期に様々な機会を活用して広く周知を図ることが必要である。その際には、利用に当たっ
　　ての留意事項の明文化、入所承認の方法の公平性の担保等に努める必要がある。
（２）放課後児童クラブの利用を希望する保護者等に対しては、必要な情報を提供すること
　　が求められる。
（３）利用の開始に当たっては、説明会等を開催し、利用に際しての決まり等について説明
　　することが求められる。
（４）特に新１年生の環境変化に配慮して、利用の開始の前に、こどもや家庭の状況、保護
　　者のニーズ及び放課後児童クラブでの過ごし方について十分に保護者等と情報交換する
　　ことが求められる。
（５）こどもが放課後児童クラブを退所する場合には、そのこどもの生活の連続性や家庭の
　　状況に配慮し、保護者等からの相談に応じて適切な支援への引き継ぎを行う。

５．運営主体
（１）放課後児童健全育成事業は、市町村が行うこととし、放課後児童クラブの運営につい
　　ては、育成支援の継続性という観点からも、安定した経営基盤と運営体制を有し、こど
　　もの権利や健全育成、地域の実情についての理解を十分に有する主体が、継続的、安定
　　的に運営することが求められる。
（２）放課後児童クラブの運営主体は、次の点に留意して運営する必要がある。
　　○　こどもの権利に関する理解を深め、放課後児童支援員等に対するこどもの権利に関
　　　する学習の機会を設ける。
　　○　こどもの人権に十分配慮するとともに、一人ひとりの人格を尊重して、その運営を
　　　行う。
　　○　地域社会との交流及び連携を図り、こどもの保護者及び地域社会に対し、放課後児
　　　童クラブの運営の内容を適切に説明するように努める。
　　○　放課後児童クラブの運営の内容について、自ら評価を行い、その結果を公表するよ
　　　うに努める。
　　○　こどもや保護者の国籍、信条又は社会的身分による差別的な扱いをしない。
　　○　放課後児童クラブごとに事業の運営についての重要事項（①事業の目的及び運営の
　　　方針、②職員の職種、員数及び職務の内容、③開所時間及び開所日、④育成支援の内

容及び利用料、⑤定員、⑥事業の実施地域、⑦事業の利用に当たっての留意事項、⑧緊急時等における対応方法、⑨非常災害対策、⑩虐待の防止のための措置に関する事項、⑪その他事業の運営に関する重要事項）に関する運営規程を定め、また、職員、財産、収支及び利用者の処遇の状況を明らかにする帳簿を整備する。

○ 放課後児童クラブの運営主体に変更が生じる場合には、こどもの心情に十分配慮した上で、こどもへの丁寧な説明や意見聴取、意見反映が求められる。また、育成支援の継続性が保障され、こどもへの影響が最小限に抑えられるように努めるとともに、保護者の理解が得られるように努める必要がある。

6．労働環境整備
（1）放課後児童クラブの運営主体は、放課後児童支援員等の労働実態や意向を把握し、放課後児童支援員等が健康で意欲を持って就業できるように、労働環境の整備に努める必要がある。
（2）放課後児童支援員等の健康管理や放課後児童クラブとしての衛生管理の観点から、健康診断等の実施が必要である。
（3）放課後児童支援員等が、業務中あるいは通勤途上で災害等にあった場合の補償を行うため、事業主として労災保険に加入しておくことが必要である。また、必要に応じて厚生保険や雇用保険にも加入しておくことが求められる。

7．適正な会計管理及び情報公開
（1）利用料等の徴収、管理及び執行に当たっては、定期的な検査や決算報告を行い、適正な会計管理を行うことが必要である。
（2）社会福祉法（昭和26年法律第45号）第75条第1項の規定に基づき、福祉サービスを利用しようとする者が適切かつ円滑にこれを利用できるように、社会福祉事業を運営する事業者には、事業の内容に関する情報の提供についての努力義務が課せられている。このため、放課後児童クラブの運営主体は、会計処理や運営状況について、保護者や地域社会に対して情報公開することが求められる。

第5章 学校及び地域との関係

放課後児童クラブを利用するこどもの生活の連続性、発達の連続性の保障は、学校をはじめ、保育所・認定こども園・幼稚園等、地域、関係機関との連携が不可欠である。市町村と放課後児童クラブの運営主体は、連携を促進することに努めること。その他、放課後児童クラブは以下の点に留意する。

1．学校等との連携

（1）こどもの生活の連続性を保障するために、情報交換や情報共有、職員同士の交流等によって学校との連携を積極的に図る。

（2）学校との情報交換や情報共有は日常的、定期的に行い、その実施に当たっては、個人情報の保護や秘密の保持についてあらかじめ取り決めておく。

（3）こどもの遊びと生活の場を広げるために、学校の校庭、体育館や余裕教室等を利用できるように連携を図る。

（4）コミュニティ・スクール（学校運営協議会制度）や地域学校協働活動等、放課後児童クラブと学校、地域の関係者が連携・協働する機会に積極的に参画する。

（5）放課後児童対策の趣旨を踏まえ、放課後子供教室との連携型（すべてのこどもが放課後子供教室の活動プログラムに参加し、交流できるもの）や、校内交流型（連携型の内、同一小学校内等で放課後児童クラブと放課後子供教室を実施しているもの）として実施できるよう努める。校内交流型を実施する際であっても、それぞれの事業の趣旨を踏まえるとともに、放課後児童クラブについてはこどもの生活の場としての機能を十分に担保し、育成支援の環境に配慮する。

（6）こどもの放課後や居場所を豊かにするという観点から、放課後子供教室の企画内容や準備等について、円滑な協力ができるように打合せを定期的に行い、こどもの目線に立った検討を行う。なお、放課後子供教室への参加に当たっては、体調や帰宅時刻等の理由から参加できない、あるいは自分の意思で参加しないこどもがいることも考慮する。

2．保育所、認定こども園、幼稚園等との連携

（1）新1年生については、こどもの発達と生活の連続性を保障するために、保育所、認定こども園、幼稚園等とこどもの状況について情報交換や情報共有を行う。

（2）保育所、認定こども園、幼稚園等とのこども同士の交流、職員同士の交流等を行う。

3．地域、関係機関との連携

（1）放課後児童クラブに通うこどもの生活について地域の協力が得られるように、自治会・町内会や民生委員・児童委員（主任児童委員）等の地域組織やこどもに関わる関係機関等と情報交換や情報共有、相互交流を図る。

（2）地域住民の理解を得ながら、地域のこどもの健全育成の拠点である児童館やその他地域の公共施設等を積極的に活用し、放課後児童クラブのこどもの活動と交流の場を広げる。

（3）事故、犯罪、災害等からこどもを守るため、地域住民と連携、協力してこどもの安全を確保する取り組みを行う。

（4）こどもの病気やケガ、事故等に備えて、日常から地域の保健医療機関等と連携を図る。

付録

4．学校、児童館を活用して実施する放課後児童クラブ
（1）学校施設を活用して実施する放課後児童クラブ
　　○　学校施設を活用する場合には、市町村と市町村教育委員会が連携し、施設の使用に
　　　　当たって学校や関係者の協力が得られるように努めるとともに、放課後児童クラブの
　　　　運営主体が責任をもって管理運営に当たる。
　　○　専用区画を安定的に確保するまでの間、放課後児童クラブを一時的に特別教室等の
　　　　タイムシェアによって運営する場合には、あらかじめ確認すべき事項について、学校
　　　　等と取り決め等を行うよう努める。また、タイムシェアを行う特別教室等については、
　　　　育成支援にふさわしい環境とするよう配慮すること。
（2）児童館を活用して実施する放課後児童クラブ
　　○　児童館の中で放課後児童クラブを実施する場合は、放課後児童クラブに通うこども
　　　　の育成支援の環境及び水準が担保されるようにする。
　　○　児童館に来館するこどもと放課後児童クラブに在籍するこどもが交流できるよう
　　　　に、遊びや活動に配慮する。
　　○　放課後児童クラブの活動は、児童館内に限定することなく近隣の環境を活用する。

第6章　施設及び設備、衛生管理及び安全対策

　放課後児童クラブを安全・安心な居場所とするため、各事業所において基準に定められた
安全計画を策定し、総合的な対策を講じることが求められる。また、放課後児童クラブは感
染症の蔓延時や災害時にも必要に応じて開所することが期待されるため、あらかじめ市町村
や保護者等関係者と連携しながら業務継続計画を定めるよう努めること。その他、以下の点
に留意する。

1．施設及び設備
（1）施設
　　○　放課後児童クラブには、こどもが安全に安心して過ごし、体調の悪い時等に静養す
　　　　ることができる生活の場としての機能と、遊び等の活動拠点としての機能を備えた専
　　　　用区画が必要である。
　　○　専用区画の面積は、こども1人につきおおむね1.65㎡以上を確保することが求めら
　　　　れる。
　　○　室内のレイアウトや装飾、採光等にも配慮し、こどもが心地よく過ごせるように工
　　　　夫することも求められる。
　　○　こどもの遊びを豊かにするため、屋外遊び・運動遊びを行う場所や自然にふれあい
　　　　ながら過ごせる環境を確保することが求められる。その際、学校施設（校庭や体育館

251

等）や近隣の児童遊園・公園、児童館等を有効に活用する。

○ こどもの遊び及び生活の場の他に、放課後児童支援員等が事務作業や更衣ができるスペース等も求められる。

（2）設備、備品等

○ 衛生及び安全が確保された設備を備え、こどもの所持品を収納するロッカーやこどもの生活に必要な備品、遊びを豊かにするための遊具及び図書を備える。

○ 年齢に応じた遊びや活動ができるように空間や設備、備品等を工夫する。

2．衛生管理及び安全対策

（1）衛生管理

○ 手洗いやうがいを励行するなど、日常の衛生管理に努める。また、必要な医薬品その他の医療品を備えるとともに、それらの管理を適正に行い、適切に使用する。

○ 施設設備やおやつ等の衛生管理を徹底し、食中毒の発生を防止する。

○ 感染症の発生状況について情報を収集し、予防に努める。感染症の発生や疑いがある場合は、必要に応じて市町村、保健所等に連絡し、必要な措置を講じて二次感染を防ぐ。

○ 感染症や食中毒等の発生時の対応については、市町村や保健所との連携のもと、あらかじめ放課後児童クラブとしての対応方針や業務継続計画を定めておくとともに、保護者と共有しておく。

（2）事故やケガの防止と対応

○ 日常の遊びや生活の中で起きる事故やケガを防止するために、室内及び屋外の環境の安全性について毎日点検し、必要な補修等を行う。これには、遠足等行事の際の安全点検も含まれる。

○ 事故やケガの防止に向けた対策や発生時の対応に関するマニュアルを作成し、マニュアルに沿った訓練又は研修を行い、放課後児童支援員等の間で共有する。

○ こどもがプール等に入水するようなことや、普段の放課後児童クラブでの活動と異なることを行う際には、安全管理に特に留意し、運営体制等が整わないと判断される場合は、中止する。

○ 放課後児童支援員等は、こどもの年齢や発達の状況を理解して、こどもが自らの安全を守るための行動について学習し、習得できるように援助する。

○ おやつ等の提供に際して、食物アレルギー事故、窒息事故等を防止するため、放課後児童支援員等は応急対応について学んでおく。

○ 事故やケガが発生した場合には、速やかに適切な処置を行うとともに、こどもの状況等について速やかに保護者に連絡し、放課後児童クラブの運営主体及び市町村に報告する。

付録

- ○ 放課後児童クラブの運営主体は、放課後児童支援員等及びこどもに適切な安全教育を行うとともに、発生した事故事例や事故につながりそうな事例の情報を収集し、分析するなどして事故防止に努める。その際、国の「教育・保育施設等における事故情報データベース」の活用を検討する。
- ○ 放課後児童クラブの運営主体は、必ず損害賠償保険に加入し、賠償すべき事故が発生した場合は、損害賠償金の支払いに関する手続きを速やかに行う。また、傷害保険等に加入することも必要である。
- ○ 遠足等行事の活動や取組等のために、公共交通機関を利用する場合や自動車を運行する場合は、こどもの乗車・降車の際に、視認に加え、点呼等で確実に所在を確認する。
- ○ 保護者組織が主体的に実施する行事や活動に、安全管理面からの助言等を行うよう努める。

（3）防災及び防犯対策

- ○ 放課後児童クラブの運営主体は、市町村との連携のもとに災害等の発生に備えて具体的な計画及びマニュアルを作成し、必要な施設設備を設けるとともに、定期的に（少なくとも年2回以上）訓練を行うなどして迅速に対応できるようにしておく。また、外部からの不審者等の侵入防止のための措置や訓練など不測の事態に備えて必要な対応を図る。
- ○ 市町村や学校等関係機関と連携及び協力を図り、防災や防犯に関する訓練を実施するなど、地域におけるこどもの安全確保や安全点検に関する情報の共有に努める。
- ○ 災害等が発生した場合には、こどもの安全確保を最優先にし、災害等の状況に応じた適切な対応をとる。
- ○ 災害等が発生した際の対応については、その対応の仕方や業務継続計画を事前に定めておくとともに、緊急時の連絡体制を整備して保護者や学校と共有しておく。
- ○ 災害後の復旧・復興においては、放課後児童支援員等やこども、保護者が、被災によって生活状況が変化している場合があるため、市町村や関係機関と連携し、必要に応じて人的支援や専門的助言等を求めることを検討する。

（4）来所及び帰宅時の安全確保

- ○ こどもの来所や帰宅の状況について、必要に応じて保護者や学校と連絡を取り合って安全を確保する。
- ○ 保護者と協力して、地域組織や関係機関等と連携した、安全確保のための見守り活動等の取り組みを行う。
- ○ 自動車を運行して送迎支援を行う場合は、こどもの乗車・降車の際に、視認に加え、点呼等で確実に所在を確認する。

第7章　職場倫理及び事業内容の向上

1．放課後児童クラブの社会的責任と職場倫理
（1）放課後児童クラブには、社会的信頼を得て育成支援に取り組むことが求められる。また、放課後児童支援員等の言動はこどもや保護者に大きな影響を与えるため、放課後児童支援員等は、仕事を進める上での倫理を自覚して、育成支援の内容の向上に努めなければならない。
（2）放課後児童クラブの運営主体は、法令を遵守するとともに、次の事項を明文化して、すべての放課後児童支援員等が職場倫理を自覚して職務に当たるように組織的に取り組む。
　　○　こどもや保護者の人権に十分配慮するとともに、一人ひとりの人格を尊重する。
　　○　児童虐待等のこどもの心身に有害な影響を与える行為を禁止する。また、事業所内で児童虐待等が行われた際の対応について定める。
　　○　国籍、信条又は社会的な身分による差別的な扱いを禁止する。
　　○　守秘義務を遵守する。
　　○　関係法令に基づき個人情報を適切に取り扱い、プライバシーを保護する。
　　○　保護者に誠実に対応し、信頼関係を構築する。
　　○　放課後児童支援員等が相互に協力し、研鑽を積みながら、事業内容の向上に努める。
　　○　事業の社会的責任や公共性を自覚する。

2．要望及び苦情への対応
（1）要望や苦情を受け付ける窓口を設置し、こどもや保護者等に周知する。
（2）苦情対応については、市町村と放課後児童クラブの運営主体が連携して、苦情解決責任者、苦情受付担当者、第三者委員の設置や、解決に向けた手順の整理等を行い、その仕組みについてこどもや保護者等にあらかじめ周知する。
（3）こどもや保護者等からの要望や苦情に対しては、迅速かつ適切に、誠意を持って対応する。
（4）要望や苦情については、その内容や対応について職員間で共有することにより、事業内容の向上に生かす。

3．事業内容向上への取り組み
（1）職員集団のあり方
　　○　放課後児童支援員等は、会議の開催や記録の作成等を通じた情報交換や情報共有を図り、事例検討を行うなど相互に協力して自己研鑽に励み、事業内容の向上を目指す職員集団を形成する。

付録

○　放課後児童支援員等は、こどもや保護者を取り巻くさまざまな状況に関心を持ち、育成支援に当たっての課題等について建設的な意見交換を行うことにより、事業内容を向上させるように努める。

（2）研修等

○　放課後児童クラブの運営主体は、放課後児童支援員等のための職場内での教育訓練や研修のみならず、職場を離れての研修の機会を確保し、その参加を保障する必要がある。その際、放課後児童支援員等の経験やこどもの意見、ニーズに応じた研修内容にも配慮すること。

○　放課後児童支援員等は、研修等を通じて、必要な知識及び技能の習得、維持及び向上に努める。

○　放課後児童クラブの運営主体には、職員が自発的、継続的に研修に参加できるように、研修受講計画を策定し、管理するなどの環境を整備していくとともに、職員の自己研鑽、自己啓発への時間的、経済的な支援や情報提供も含めて取り組んでいくことが求められる。

（3）運営内容の評価と改善

○　放課後児童クラブの運営主体は、その運営の内容について自己評価を行い、その結果を公表するように努める。評価を行う際には、こどもや保護者の意見を取り入れて行うことが求められる。

○　放課後児童クラブの運営主体は、福祉サービス第三者評価制度等を活用するなど、客観的な評価を他者から受けることにより、事業の質の向上につなげる。評価を行う際には、こどもや保護者の意見を取り入れて行うことについて、評価機関等と実施方法について調整する。

○　自己評価、第三者評価の結果については、公表するとともに、職員間で共有し、改善の方向性を検討して事業内容の向上に生かす。

（別添略）

本書は、「放課後児童クラブ運営指針解説書について」（令和7年3月28日こ成環第89号こども家庭庁成育局成育環境課長通知）を基に作成したものです。

放課後児童クラブ運営指針解説書（令和7年4月）

2025年4月　初版第1刷発行
2025年7月　初版第2刷発行

こども家庭庁編

発行者　吉川隆樹
発行所　株式会社フレーベル館
　　　　〒113-8611
　　　　東京都文京区本駒込6-14-9
　　　　電話　営業　03-5395-6613
　　　　　　　編集　03-5395-6604
　　　　振替　00190-2-19640
印刷所　TOPPANクロレ株式会社

禁無断転載・複写　Printed in Japan
ISBN 978-4-577-81570-0　C3037　NDC369　256p／21×15cm
落丁本・乱丁本はお取り替えいたします。
フレーベル館のホームページ　https://www.froebel-kan.co.jp

表紙・本文デザイン／ニシ工芸